हिदायतें

राकेश सूद रश्क

डायमंड बुक्स

www.diamondbook.in

प्रकाशकः डायमंड पॉकेट बुक्स (प्रा.) लि.
X-30, ओखला इंडस्ट्रियल एरिया, फेज-II
नई दिल्ली-110020
फोन : 011-40712200
ई-मेल : sales@dpb.in
वेबसाइट : www.diamondbook.in

HIDAYATEIN
By : Rakesh Sood Rashk

इंतिसाब

नानाजी मरहूम ज़नाब किशन चंद सूद
और
वालिद मरहूम ज़नाब जगदीश चन्द्र सूद
के नाम

दीबाचा

ग़ज़ल उर्दू शायरी की जान कहलाती है। यह वह सिन्फ–ए–सुखन है जो नाज़ुक होने के साथ अर्फातरीन ख़्यालात को अपने अन्दर समो लेने की सलाहियत रखती है। शुरुआती दौर में ग़ज़ल को इश्क़–ओ–मुहब्बत के मज़ामीन तक महदूद रखा गया लेकिन बाद में इसमें हर तरह के मौज़ूआत और ख़्यालात का इज़हार किया जाने लगा। इस तरह ग़ज़ल एक मुकम्मिल मुरक्का–ए–मौज़ूआत बन गई। ग़ज़लगोई में नाम पैदा करने वालों में मुतकद्दिमीन में मीर, जौक़ ग़ालिब वगैरा, मुताख़रीन में दाग़, मोमिन नसीम, बर्क वगैरा और दौरे हाज़िर में फिराक़, गुलज़ार दहल्वी, धर्मपाल गुप्ता 'वफा', अर्श सहबाई, अलम देहल्वी वगैरा ने ग़ज़ल के मैदान में नाम कमाया। इस तवील फेहरिस्त में एक नाम राकेश सूद 'रश्क' का भी जुड़ गया है। 'रश्क' ग़ज़ल के नशेब–ओ–फराज़ और अल्फाज़ की निशस्त–ओ–बरख़ास्त से बखूबी वाकिफ हैं। उनकी ग़ज़लों में एक ख़ास किस्म की ख़ुशबू और ताज़गी पाई जाती है।

'रश्क' की ग़ज़लों में आह भी है और वाह भी, दर्दे–दुनिया भी है और वतने अजीज से बेपायाँ मुहब्बत भी, दुखन भी है और रौशनी का झमाका भी, दिल में पाई जाने वाली ख़लिश भी है और मुहब्बत के जानलेवा दर्द का ज़िक्र भी, राकेश सूद 'रश्क' एक संजीदा शायर हैं। यह उनकी सलाहियत का कमाल ही है कि उन्होंने उर्दू ज़ुबान का कोई खास मुतालेआ नहीं किया इसके बावजूद उनकी ग़ज़लों और नज़मों में उर्दू ज़ुबान की मिठास और दिल आवेज़ी बदर्जा उत्तम पाई जाती है –

तमाम मज़हबों की इबादतग़ाहों में जाकर
खुद खुदाई से यह जाना है
बाद इसके मैंने बन्दों को ख़ुदा माना है

खुशियाँ सामने से मेरे ऐसे गुजरीं,
अजनबी पास से चला गया कोई।

'रश्क' ने अपने मजमूआ–ए–कलाम का उनवान 'हिदायेतें' रखा है। इससे जाहिर है कि उन्होंने बुजुर्गों से मिली हिदायात को अपने कलाम में पेश किया है। बुजुर्गों की हिदायात का उन पर खासा असर पाया जाता है। इसीलिये वह अपने कारईन को भी वह हिदायात देना अपना फर्जे मंसबी समझते हैं –

परखने में जमाने को इस दिल ने बहुत धोखे दिये हैं,
इसी खता ने मुसलसल बहुत जख्म अनोखे दिये हैं।

उनके दिल में वतन और कौम का दर्द भी पाया जाता है –

आज फिर, फिरकापरस्तों ने अपनी जलालत दिखाई है कहीं,
वर्ना दरिया का रंग सुर्खयूं ही नहीं होता।

तेरा इन्तेजार कब तक करे कोई,
याखुदा तू बता जिये या मरे कोई।

जमाने के जुल्मो सित्म से परेशाँ हूँ,
भरे शहर में ढूँढता तनहाइयाँ हमेशा।

उम्मीद भी कम हुई जाती है,
उम्र भी अब कम हुई जाती है।

मुंडेर पर जो आते रहते थे परिन्दे,
तादाद उनकी भी कम हुई जाती है।

दिया क्यों जला दिया अन्धेरे में,
घर कोई फिर लूटने आ जायेगा।

खत भेजा इजहारे प्यार का उनको,
कासिद आया पर जवाब नहीं आया।

मस्ती में झूम रहे हैं सब मैखाने में,
हाथ में मेरे जामे–शराब नहीं आया।

यक़ीन है वह आयेंगे, जरूर आयेंगे,
दरार आई है रिश्तों में, सैलाब नहीं आया।

शराब जब बेअसर होने लगे मयखाने में
रुसवा महबूब न माने बार–बार मनाने से
और तमाम दुआयें भी जब रंग न लायें
तो बेहतर है ख़ुदा उठा ले इस जमाने से

और आखिर में इतना जरूर कहना चाहूँगा कि राकेश सूद 'रश्क' ने अपने आपको 'बहर–ओ–वजन', क़ाफिया औ रदीफ वगेरा के जकड़ेबन्दी से आजाद रखते हुए अपने तख्य्युल को परवाज बख्शी। इसलिये उनके कलाम को आजाद शायरी (blank verse) कहा जा सकता है। हिदायतों की कामयाबी के लिये पुर खुलूस नेक ख्वाहिशें!

पी.पी. मसीह
एडीटर इन्चार्ज
दैनिक/वीकली तेज
देहली

तआरूफ़ एक मुख़्तसर सा...

समाज, देश और जरूरतमंद लोगों की फिक्र करने वाले विरले होते हैं और जो ऐसे होते हैं वो लोगों के दिल व दिमाग पर अलग छाप छोड़ते हैं। श्री राकेश सूद भी ऐसी एक विरली शख्सियत हैं जो पूरी जिंदगी समाज और देश को कुछ न कुछ देने की कोशिश करते रहे हैं।

कभी सरकारी सेवा के माध्यम से तो कभी समाज सेवा के माध्यम से और कभी अपनी साहित्यिक रचनाओं के माध्यम से भी उन्होंने सामाजिक तानेबाने, मानवता, प्रेम, सौहार्द, भाईचारे और सेवा को तवज्जो दी है।

उनकी साहित्यिक कृति "हिदायतें" भी उनकी मानवता, प्रेम, प्रकृति और देश की विविध सुंदरता का एक बहुत सुंदर संकलन है। ऐसा लगता है कि उन्होंने दिल की आवाज को बखूबी शब्दों में पिरो दिया है। यही वजह रही कि मासिक पत्रिका "तेज" के यशस्वी संपादक पी.पी मसीह ने उनकी रश्क की रचनाओं को आजाद शायरी का नाम दिया।

मैं इसे अपनी खुशनसीबी कहूंगा कि मुझे श्री सूद को बतौर एक करीबी मित्र और एक खूबसूरत इंसान के तौर पर जानने का मौका मिला।

श्री सूद ने 1975 में बिरला इंस्टीट्यूट ऑफ टेक्नोलॉजी (रांची) से इंजीनियरिंग पास की और भारत हैवी इलेक्ट्रॉनिक्स लिमिटेड (भेल) में लंबे समय तक सेवारत रहे। उन्होंने 1986 में नौकरी से इस्तीफा देकर पूर्णकालिक समाज सेवा में रम गए। लेकिन नियति को कुछ और ही मंजूर था।

श्री सूद की तकनीकी और प्रबंधकीय प्रतिभा के चलते देश की जानी मानी टेक्सटाईल और हौजरी इण्डस्ट्री में प्रबंधन सलाहकार के रूप में उनकी सेवाएं ली गईं। जल्द ही श्री सूद देश की जाने–माने टेक्सटाइल और हौजरी उद्योग के सलाहकार के रूप में पहचाने जाने लगे। प्रबंधन सलाहकार के रूप में श्री सूद ने देश–विदेश में व्यापक भ्रमण किया और यह क्रम आज भी जारी है। निःस्वार्थ सेवा के पैमाने पर श्री सूद निश्चित तौर पर एक कामयाब इंसान है।

एक समाजसेवी परिवार में पले–बढ़े श्री सूद स्वयं एक समाजसेवी और राजनीतिक चिंतक के रूप में जाने जाते हैं। अपने जीवन काल में उनका समाज के हर वर्ग के लोगों से मिलना–जुलना रहा। उनके परिचय संसार में देश जाने माने राजनीतिक, बुद्धिजीवियों से संपर्क रहा तो समाज के हाशिये पर रहें जरूरतमंदों के भी हमदर्द रहे।

श्री राकेश सूद 'रश्क' ने अपनी शायरी में जिंदगी के हर पहलू को छुआ है। अश्क हुस्न और इश्क की अलग–अलग मनःस्थिति को बयान करते हैं।

जिन चिराग़ों पे भरोसा है कि राह दिखायेंगे तुझे
छोड़ कर जाने वाले इक नज़र तेल देख तो ले
मेरी सोच का जिस्म का हर हिस्सा शामिल है तुझमें
निभा कर पायोगे ग़ैरों से शाम तक जरा देख तो ले

सच कहूं तो 'हिदायतें' श्री राकेश सूद 'रश्क' की भावना और अनुभवों का खूबसूरत खजाना है।

– **शिव भाटिया**
जिगरी दोस्त

शुक्रिया, तह ए दिल से शुक्रिया

ज़नाब पी.पी. मसीह साहब, मेरे अज़ीज़ ज़नाब शिव भाटिया, ज़नाब सालिम सलीम और भाई नरेंद्र जी,

आपने जो मेरी हौसला अफ्ज़ाई की है, जो अपनी क़लम से मेरी गज़लों के ख़जाने यानी "हिदायतें "पर अपने कमाल की रौशनाई का रंग भरा है और नाचीज़ को कहकशां का सितारा बनाया है, मैं उसके लिये ताउम्र आपका एहसानमंद रहूँगा।

इंशाअल्लाह, मेरी शायरी को ज़रा सी भी मक़बूलियत हासिल होती है तो इस कामयाबी में आपका नाम पहले लिया जायेगा।

आमीन!!

आपका एहसानमंद,

राकेश सूद 'रश्क'

फ़ेहरिस्त

1. ये ग़ज़लें नज़में किसे सुनाऊँ 19
2. मुद्दतों के भूले किस्से फिर से याद आने लगे 20
3. उलफते खुशी कया है ताउमर सोचते रहे 21
4. मैं बड़ा बादा–ख़्वार[1] हो चुका हूँ 22
5. रात मुझे सोते से जगा गया कोई 23
6. ख़िंज़ाँ मे दरख़्तों से साये की उम्मीद रखते हो 24
7. दूर जाने से भूल जातें है लोग अकसर 25
8. राहें जब जुदा करने की ठान ही ली 26
9. तकलीफ़ें तो रहेगीं सफ़रे–हयात[1] में 27
10. मेरे सपनों को समझ ले मेरे ख़्वाबों को शर्मिंदा कर दे 28
11. जब भी मिलना चाहा तुमने बहाना–ए–हया किया 29
12. जानता हूँ तू अब गद्दी नशीं हो गया है 30
13. मुशायरों में आजकल मोहबबत गुम सी हो रही है 31
14. मुझे तुमसे प्यार है कया कहूँ 32
15. ख़ुदा की ख़ास मेहर होती है 33
16. ख़्वाहिशें चाहती कया हैं मुझ से समझ नहीं आता 34
17. परखने में ज़माने को इस दिल ने बहुत धोखे दिये हैं 35
18. तेरे बिन किस तरह बसर होगी 36
19. मौत का इंतिज़ाम करता रहा 37
20. ये दिन ये रात ये लम्हात मुझे सोने नही देते 38
21. दिल कभी लगाना आसाँ नहीं था ज़िन्दगी में 39
22. आज गुज़रे ज़माने याद आने लगे 40
23. प्यार करता हूँ तुमहें इज़हार नहीं करता 41

24. अब्र[1] हटे तो बद्र[2] का दीदार करूँ 42
25. उलफ़त ए बचपन को अंजामे मोहब्बत देना चाहत की हद थी 43
26. मुझे पिलाओ, न बाहर करो मयखाने से 44
27. पहली मुलाक़ात है कुछ ख़याल करो 45
28. लोग जो साथ थे आगे बढ़ते रहे 46
29. तंज़ीमों[1] ने उस्तादों ने सिरफ फ़िरकापरस्ती ही सिखाई है मुझे 47
30. अकसर ऐसे लोग मिले मयख़ाने में 48
31. ज़ियादा कल बैठ गया मयकदे में 49
32. गुज़रे हुये कल से मुलाक़ात हो गई 50
33. मोहब्बत नामा मैने दर्ज कर दिया 51
34. बहारें ख़िज़ाँ मे बदल जायेंगीं कभी सोचा न था 52
35. ये जो ख़ुशबू फिजा मे है तेरे आने का इशारा तो नहीं 53
36. जिंदगी को बहुत क़रीब से देखा है 54
37. हम तो मंज़िल पे पहुँच जाते मगर सब के लिए 55
38. ना दिन को है क़रार न रातों को चैन है 56
39. मेरी जिन्दगी का ख़्याल कर बाकी जो है उसे भुल जा 57
40. सच कहूँ मुझे तुझसे कोई शिकायत नही है 58
41. कल फिर से लौटे हाथ मिरे ख़ाक छान कर 59
42. मिलती हैं मुझे रुसवाईयाँ हमेशा 60
43. जिंदगी अब शराब हो चुकि है 61
44. कम रह गई शराब मुझे मयख़ाने ले चलो 63
45. उम्र तमाम गुज़री उन्हें मनाने में 64
46. दिलदार था आज क्यों दर किनार कर दिया 65
47. दूर से देखना तेरा मुझको जब बना देता है दिवाना 66
48. जब भी होती है तेरे नसीब की बात होती है 67
49. मोहब्बतनामे पर तेरे दस्तखत कहीं बुरे हाला साजिशे आगाज तो नही 68
50. हम ने ख़ुशियाँ ही न पाई उम्र भर 69
51. आग लगवाते हो, समझाते हो मतलब क्या है 70

52. मैं ने मय–ख़ाने में क्या खूब ये हरकत देखी 71
53. हाथों की लकीरों मे कया है कोई बतलाये मुझे 72
54. तेरी हर बात इक कहानी लगती है 73
55. प्यार कर लिया उनसे इजहार करना नही आया 74
56. तेरी हिदायतों को लेकर अब और नही चला जाता 75
57. मौसमे ख़िज़ाँ में बिखर जाते है पत्ते चिनारों के इधर उधर 76
58. तेरा मुझे यूँ देखना दीवाना बना देता है 77
59. सलीक़ ए गुफ़्तगू तो कोई तुमसे सीखे 78
60. मुग़ालते[1] में न रखो मुझे मेरी हक़ीक़त बताओ 79
61. गर मेरे हो तो मेरे हाथों मे हाथ क्यों नहीं देते 80
62. ज़िंदगी अब कुछ चोट खाई सी लगती है 81
63. मैं जब ख़ुद को तन्हा समझने लगा हूँ 82
64. कोशिश तो की हज़ार चलूँ साथ वक़्त के 83
65. वकत कुछ कम रह गया शायद, कोई दूर से बुला रहा है मुझे 84
66. जीना चाहा तो मरने के लिये 85
67. दुनिया शराबी हो गई 86
68. जब कुछ नही था पास तो कितना सबर था 87
69. क़ाफ़िले से मुझे जुदा कर के काहे तुम मेरी फ़िक्र करते हो 88
70. अपने दिल की किसे बताया करूँ 89
71. वो छोड़ जाएंगे हमें मालूम ही न था 90
72. जब हम सँभल रहे थे दरून–ए–हयात तब 91
73. सबब जुदाई का इस दिल पे मेरे ज़ाहिर कर 92
74. शाम फिर छोड़ गया तन्हा मुझे 93
75. अचानक इक हलके से ज़लज़ले में खंडरात होती है 94
76. वो रात कितनी लम्बी थी ये मुख़्तसर क्यूँ 95
77. मोहब्बत की राहों में अकेला न छोड़ जाना 96
78. कुछ रौशनी माँगीं थी चरागों से मैंने 98
79. ख़िदमत भी की बन्दों पे जाँ भी लुटाई 99

80. बसने के ठिकाने चले गये, लुटने के जमाने आ गये 100
81. बाद पीने के महताब भी तेरा चेहरा लगता है साक़ी 101
82. दिक़्क़तें दौलत न हुइ कभी, बेवफ़ाइयां न सहीं 102
83. आज रात चाँद पूरा चमकते देखा 103
84. तुम मुझसे फिर मोहब्बत की बात करते हो 104
85. मुझे दिल की बात कहने क्यूँ नहीं देते 105
86. तसव्वुर ही किया था दिलदार का 106
87. चेहरे पे ये गिराई देखी नहीं जाती है 107
88. माना हो जाती है मोहब्बत पहली नज़र में 108
89. लम्हे कुछ बचे हैं सोचा सलाम आख़िरी करता चलूँ 109
90. अच्छी लगती है शराब बता मैं क्या करुँ 110
91. दो क़दम साथ तो चला जाये 111
92. जिंदगी अब कुछ परेशाँ सी लगती है 112
93. इधर उधर न भटक अपनी मंजिल पे नजर रख 113
94. तस्वीर देख कर तेरी मिलने की चाहत होती है 114
95. जो सब कहते है अकसर उसे हक़ीक़त नहीं कहते 115
96. खवातीनों को परखने में जल्दबाज़ी अचछी नहीं 116
97. उम्र पे ढलान है अब क्या गीत गायेंगें 117
98. जन्नत कहते थे जिस ज़मीं को 119
99. प्यालों में अपने जहर लिये फिरते हो 120
100. मुझे ख़रीदने वाले जल्द ले चल यहाँ से 121
101. आज फिर फ़िरक़ापरस्तों ने अपनी हिमाकत दिखाई है कहीं 122
102. गंगा यमुना झेलम जब अपना किनारा खो देगी तो क्या होगा 123
103. जाने क्यों टाल रहा है हर कोई जैसे वो हिस्सा ए शहर नहीं 124
104. पेशतर इसके की कोइ फरमान सियासी आये 125
105. ग़म ए उलफ़त का मारा हूँ गम ए दौराँ का नहीं 126
106. रौशन हुये रास्ते मंज़िले दिखने लगीं 127
107. बेरंग ज़िन्दगी मे मेरी रंग भरने वाले 128
108. बाद मिल कर तुझे, मुझे ये मालुम हुआ 129

109. वो जिस को कहते हैं सारे ज़मीन की जन्नत 130
110. जब भी देखा है तुझे पैरों मे ही देखा है, मेरी परछाई 131
111. क से किताब, ग से गमला, द से दोस्ती पढ़ी है मैंने 132
112. ये वो मधुमक्खी है जो काटती नहीं चूमती है 133
113. दो छोटी लकीरों के मेल से, जमा गुणा होती है, रक़म बढ़ जाती है 134
114. इक याद है मेरे छुटपन की 135
115. जिम्मेदारियाँ ख़ूब निभाई हैं, तभी ये पौधा शजर हुआ है 137
116. मुझे और न सता, मैं तंग हुँ अपने आप से 138
117. ताल्लुक़ ही नहीं फिर ख़्वाबों में आती क्यों हो 142
118. मुझे गेहूं से सिर्फ घुन निकालने है 143
119. शब–ए–हिज्र का जिक्र न कर शब–ए–वसाल की बात कर 144
120. हर तरफ मुफलिसों की ,महकूमो की जरुरतमंदो की भीड़ सी कयों है 145
121. ख़्वाबों में तुझे देखना गर गुनाह है तो मुझे इल्जाम दे 146
122. अंधेरों की आदत हो गई उजालों से डर लगता है 147
123. तलिखयाँ न मार न दिखा बेदरदी डर जाऊँगा 148

ये ग़ज़लें नज़्में किसे सुनाऊँ
मैं दिल की बातें किसे बताऊँ

मोहब्बत–ए–दिल कहाँ पे रक्खूँ
हक़ीक़त–ए–ग़म किधर जगाऊँ

सब अपनी अपनी तलाश में गुम
मैं राह खुद की किसे सुझाऊँ

किसी को सच की नहीं पड़ी है
मैं आइना फिर किसे दिखाऊँ

ये क़ायदा 'रश्क' है नज़र का
तू ही बता दे किसे पढ़ाऊँ

मुद्दतों के भूले किस्से फिर से याद आने लगे
दर्द के लम्हे वही एहसास दोहराने लगे

जंग खुद से ही लड़ी मैं ने ग़म–ए–तन्हाई की
जिस में सब हथियार मेरे दिल के काम आने लगे

मैं ने जिन जिन को किया था अपने ग़म का राज़–दार
आज वो ही दोस्त मुझ को बैठ समझाने लगे

कौन जाने दिल की नगरी किस क़दर सुनसान हुई
उस की आबादी में जाने कितने वीराने लगे

होश भी जाने लगा और ख़ौफ़ भी बढ़ने लगा
'रश्क' हम तो रात के जादू में ढल जाने लगे

उलफते खुशी कया है ताउमर सोचते रहे
किसे कहें अपना,किसे पराया सोचते रहे

ग़ैरों ने दिल दिये अपनो ने जुल्म किये
छोड़ ग़ैरों को अपनो के साथ चलते रहे

खुशियाँ चार दिन की आँसू उम्र भर के
दौरे ख़िंज़ाँ में इंतज़ारे फ़िज़ा करते रहे

कितना है प्यार, कितनी उलफ़त मुझसे
सवालात फ़िज़ूल आशिक़ी मे करते रहे

नेमतें मुहैया हैं हद ए ज़रुरत से ज़यादा
और पाने की 'रश्क' जिद्दो–जोह्द करते रहे

मैं बड़ा बादा–ख़्वार[1] हो चुका हूँ
इक नहीं कितनी बार हो चुका हूँ

अब मैं बर्बाद हो चुका हूँ बहुत
हाँ ग़म–ए–रोज़गार हो चुका हूँ

इस क़दर पी शराब–ए–तन्हाई
कि शब–ए–इंतिज़ार हो चुका हूँ

मौत ही अब मुझे रिहाई दे
ज़िंदगी में तो ख़्वार हो चुका हूँ

'रश्क' ऐसी शराब–नोशी[2] से
मैं बहुत बे–क़रार हो चुका हूँ

1. बादा ख़्वार = शराबी 2. शराब नोशी = पीने की आदत

रात मुझे सोते से जगा गया कोई
ख़्वाबों को कर के जुदा गया कोई

बता रहा था राज़े दिल महताब से
अब्र का टुकड़ा सामने आ गया कोई

अक्स ढूँढ रहा था ठहरे पानी में
कंकर फेंक उसे हिला गया कोई

नज़दीक थे दरिया के साहिल से
ले पतवार ए नाखुदा गया कोई

आ रहे थे मिलने वो मुद्दत बाद
मेरा ग़लत पता बता गया कोई

खुशियाँ सामने से मेरे ऐसे गुज़री
अजनबी पास से चला गया कोई

शमा जलाई घर से दूर हों अंधेरे
बसती उसी से जला गया कोई

बितानी है उम्र प्यार मे कुछ हो
वादा 'रश्क' से करा गया कोई

ख़िंज़ाँ मे दरख़्तों से साये की उम्मीद रखते हो
नादान हो बेवफा से वफ़ा की उम्मीद रखते हो

बुरा वकत है कोई न मददगार होगा सफर में
अंधेरों में क्यों फिर साये की उम्मीद रखते हो

तड़पता छोड गया है कोई तुम्हे यूँ ही बेसहारा
जाने क्यूँफिर उसके आने की उम्मीद रखते हो

ज़ख़्मी कर दिया तन बदन चला चला के ख़ंजर
क़ातिलों से खुदाया रहम की उम्मीद रखते हो

दुआएँ माँगते हैं हर वक़्त जो तुम्हारे उठने की
शामिल होगे जनाज़े मे कैसी उममीद रखते हो

बेरहम को रहमदिल करने की कोशिश करते हो
सेहरा में बरसेंगे बादल कैसी उममीद रखते हो

शमा जलते ही आ पहुँचे पतंगें नाचते हुए, 'रश्क'
बचेगा कोई सहर तक ये कैसी उममीद रखते हो

ख़िंज़ाँ = पतझड़

दूर जाने से भूल जातें है लोग अकसर
नज़दीक ज़ियादा भी रहना अच्छा नही होता

जिसने उम्र गुज़ारी हो खुले आसमाँ के नीचे
बाक़ी बंद कमरों में बिताना अच्छा नही होता

अशरफियाँ खनकती थी जेबों मे जब निकलते थे
बाद मुफ़लिसी जहाँ में जीना अच्छा नही होता

मयकश ने बिताई हो जहाँ रोज़ सुहानी शामें शबें
हाथ उसके मयकदे मैं ख़ाली पैमाना अच्छा नहीं होता

ज़िंदगी जिसने गुज़र की तेरी इक हाँ की ख़ातिर
बहुत देर तक उसे और तड़पाना अच्छा नही होता

इतनी चाहत इतनी उल्फ़त, इतनी मोहब्बत ठीक नही
बार बार एक ही से धोखा खाना अच्छा नही होता

अंदाज़े गहराई लगा लेना सतहों रंगो आब देख कर
आँख मींचे पानी मे गोता लगाना अच्छा नही होता

कुछ तो हिदायतें तजुरबे से ज़माने से ली होती,
बरसते बादलों में चीज़ें सुखाना अच्छा नही होता

वक़्त पर रौशन करो माहौल दिये जला कर 'रश्क'
मुक़ाबला आँधियों से कराना अच्छा नही होता

राहें जब जुदा करने की ठान ही ली
आओ कुछ लम्हें संग बिताए जायें

जो वक़्त बिताया है हमने संग संग
याद में उसके दीप जलाए जायें

फ़ायदा कया हसरतें साथ ले जाने का
अधूरे बाक़ी बचे अरमान ढूबाये जायें

मौसमे ख़िज़ाँ है जलते चिनारी पत्तों में
चुपके से सब अपने ख़त जलाये जायें

दरख़्तों के साये में वक़्ते वादे मोहब्बत
नाम जो कूरेदे थे तनों पर मिटायें जायें

जिन वादियों में गुज़ारी हैं हँसी शामें
वहाँ आख़िरी सलाम बजाये जायें

यादों में संजोये रखेंगे गुज़रे क़िस्सों कों
ये जज़्बात दिलो ज़हन में दफ़नाये जायें

रोज़े क़यामत अब होगी मुलाक़ात 'रश्क'
इन्तिजार में आँसु खुशी का बहाये जायें

तकलीफ़ें तो रहेगीं सफ़रे–हयात[1] में
लाख हेर फेर करो चाहे हालात में

बनावटी शोर जितना कम कर लो
बादल तो जरूर गरजेगें बरसात में

भाग दौड़ की ज़िंदगी में तलाशे सकूँ
ख़ामोशी भी यहाँ न सोने देगी रात में

भुलाया उनको न दिल से जुदा किया
कुछ तो बात थी उनकी हरेक बात में

ख़ुदाया उसकी शायद उम्र दराज़ थी
बैठा रहा सैयाद[2] शिकार की घात में

बिसात आख़िरी दाव की ऐसे बिछाई
उसकी जीत हो शामिल मेरी मात में

हाथ क्या बढ़ाया मैंने दोस्ती का 'रश्क'
हज़ार कमियाँ निकाल दी मेरी जात में

1. सफ़रे–हयात = ज़िंदगी की राह 2. सैयाद = शिकारी

मेरे सपनों को समझ ले मेरे ख्वाबों को शर्मिंदा कर दे
बस इक बार मेरे सनम तू मुझे फिर से जिंदा कर दे

हौसलें भी हैं दम भी बाकी हैं अभी बुलंदियों को छुने में
मेरे रहनुमा इक बार मुझे इस आसमाँ का परिंदां कर दे

बलायें घेरे रहतीं हैं सदा मुसीबतों से खौफजदा रहता हूँ
ईलतिजा है किसी महफूज ठिकाने मेरा घरौंदा कर दे

हर किसी को नेक निगाह से देखे और खुशामदीद कहे
जहाँ में 'रश्क' हर इनसान को ऐसा बाशिंदा कर दे

जब भी मिलना चाहा तुमने बहाना–ए–हया किया,
मेरा दिल तोड़ कर जाने वाले तुमने ये कया किया

वादे वसल के कितने किये करते रहे हमेशा
हुआ आमना सामना तो सिरफ दामन–ए–हवा किया

झलक दिखा के तिरा फिर से छुप जाना चिलमन में
तडप ए दीदार में कितना बार मरा किया जिया किया

रकीबों से मिलती रही घुलती रही सामने मेरे यूँ ही
तेरी नादानियो का कभी जिक्र किया न गिला किया

शायद किसी गैर की मोहब्बत में गिरफ्तार हो तुम
चुनाचें हमने तुम्हें अपनी यादों से खुद रिहा किया

जानता हूँ तू अब गद्दी नशीं हो गया है
इस गुलिस्ताँ का बागबाँ हो गया है

पर हरगिज़ मुगालते मे न रहना जालिम
की कायनात का रहनुमाँ हे गया है

किसे इंसाफ कहूँ किसे तेरा विशवास
कातिल खुद साहिबे कारवाँ हो गया है

भूल थी या तेरी वादों की ठगी जादुगर
आवाम जिसमें घुट कर नादाँ हो गया है

जो हो रहा है हो चुका है पहले भी कहीं
वो साहिब था अब सिर्फ दोसताँ हो गया है

मुशायरों में आजकल मोहबबत गुम सी हो रही है
सियासत जाने कयों शोहरात पर हावी हो रही है

जिधर देखो जिधर शामिल हो गुफ़्तगू में मज़मों मे
हर तरफ मगरुर तानाशाह की वाहवाही हो रही है

कुछ नही लेना देना यहाँ नजीब या तबरेज से
खुलेआम यहाँ आईन की बेपरवाही हो रही है

सबब ढूँढना जरूरी है दानिशवरो इस सिलसिले का
दौलत या जबरदस्ती तो नहीं हावी हो रही है

मुझे तुमसे प्यार है क्या कहूँ
कितना बेशुमार है क्या कहुँ

इक नज़र न देखा तुमने मुझको
दिल कितना बेकरार है क्या कहूँ

तड़पा तड़पा के मुझे मारा है तुमने
फिर भी ज़िंदगी में शुमार है क्या कहूँ

रोज़ वादे किये वसले यार के तुमने
दिल तिश्नगी[1] का बीमार है क्या कहूँ

घर से न निकला तुझे याद किये बगैर
हुस्ने उल्फत का शिकार है क्या कहूँ

तू जीती गई हर बाजी मैं हारा गया
नसीब में मेरी हार ही हार है क्या कहूँ

तिश्नगी = प्यास

ख़ुदा की ख़ास मेहर होती है
तभी तो उम्र बसर होती है

रंजों ग़म से कयों कर घबरायें
हर बाद ए शब सहर होती है

मोहब्बत में रूठा न करों खुद से
हालत यहाँ यहीं अकसर होती है

जब भी इज़हारे मोहब्बत किया
ज़माने को पहले ख़बर होती है

कभी भी कहीं भी हो जाता है
पयार की न कोई उमर होती है

कुछ तुमने कहा कुछ मैने सुना
पयार में न अगर मगर होती है

जुगलियों को जहाँ से क्या लेना
उनकी अलग राहे डगर होती है

कमज़ोर कब तक रहेगा महफूज़
बाज़ों की हर वक़्त नजर होती है

बुलंद मनसूबों पर मुंहसिर है सब
बाद इसके कोई न फ़िक्र होती है

मुंहसिर = निर्भर

ख़्वाहिशें चाहती क्या हैं मुझ से समझ नहीं आता
तुम को चाहूँ या तुम से दूर रहूँ समझ नही आता

हाज़िर सामने होना मेरे इक इशारे पर जहाँ कहूँ
इस को दीवानगी कहुँ या इश्क़ समझ नही आता

अभी चंद रोज़ ही हुऐ है मयकदे को खुले यहाँ
जल्द इतनी फ़ितरते शहर बदल जायेगी समझ नहीं आता

तमाम उम्र गुज़ारी तेरी ख़िदमतगारी में हमने सच है
बावजूद इसके रुसवाईयों मे इज़ाफ़ा समझ नही आता

ज़रुर कोई शिकवा शिकायत रंज है तेरे दिलो ज़हन में
शीशमहल में दस्ते–संग[1] संग ले जाना समझ नही आता

दरिया–ए–मोहब्बत बहायें हैं बारिशे उल्फ़त की है 'रश्क'
मजलिसे ख़ैर–मक़दम में ख़ंजर लाना समझ नही आता

दस्ते–संग = हाथ में पत्थर

परखने में ज़माने को इस दिल ने बहुत धोखे दिये हैं
इसी ख़ता ने मुसलसल जख़्म बहुत अनोखे दिये हैं

उम्र जीने की कभी कोई सय्याद परिंदे की नहीं लिखता
साँस लेने को खुदा ने काफ़ी क़फ़स[1] में झरोखे दिये हैं

माना की तनहा हुँ अभी अभी टूटा हुँ शाख़ ए शजर[2] से
पहुँचाने मुझे मक़ाम तक हवा ने अनेको झोंके दिये हैं

यूँ तो बहुत कुछ है ख़ज़ाने में तेरे जानता हुँ या इलाही
बद–नसीब को कयों जाने रंजों ग़म देखे परखे दिये हैं

बुरा भला कहते हो आप जिस जमात को नफ़रत से
कितने आला गुल ओ शजर चमन को महकते दिये हैं

दिल ओ जिगर सामने रख दिया ख़ातिरदारी में तेरी
बेपरवाह ने फिर भी हमको सब पकवान फीके दिये हैं

बेसहारा गुमनाम भटक रहा था अनजान इस शहर में
तुम्हीं ने बेख़ौफ़ जीने के ग़ैरों मे 'रश्क' सलीक़े दिये हैं

1. क़फ़स = जेल, पिंजरा 2. शजर = पेड़;

तेरे बिन किस तरह बसर होगी
इस शब–ए–ग़म की क्या सहर होगी

इतना मायूस हूँ जुदाई से
वो भी मायूस किस क़दर होगी

ज़िंदगी हो कि रात हो यारो
इक–न–इक रोज़ तो सहर होगी

यूँही दिन भर फिरेंगे आवारा
यही तदबीर[1] रात–भर होगी

'रश्क' दुनिया को देखने वाली
तेरी शायद नई नज़र होगी

तदबीर = उपाय, युक्ति

मौत का इंतिज़ाम करता रहा
उम्र अपनी तमाम करता रहा

पहले लिक्खा ग़म–ए–मोहब्बत को
और फिर उस को आम करता रहा

एक तन्हाई बस गई दिल में
और मैं उसमें कयाम करता रहा

मैं ने जो कुछ कमाया उल्फ़त में
वो बस इक तेरे नाम करता रहा

हर एक से 'रश्क' को रही निस्बत[1]
हर किसी को सलाम करता रहा

निस्बत = लगाव

ये दिन ये रात ये लम्हात मुझे सोने नही देते
बिछड़ कर तुमसे मेरे हालात मुझे रोने नही देते

किस किस की फ़िकर करूँ गमें दौराँ में बताओ
तेरे बग़ैर और के जज़्बात मुझे होने नही देते

दिल चुराने की कितनी कोशिशें की औरों ने
किसी का तेरे इनायात मुझे होने नही देते

बस्तियाँ बनाईं अनजान शहरों में ग़ैरों वास्ते
ख़ुद अपने ही मकानात मुझे कोने नहीं देते

चश्म ए आब से धुँधला दिखेगा चेहरा तेरा
चुनाचे 'रश्क' ये मालुमात मुझे रोने नही देते

दिल कभी लगाना आसाँ नहीं था ज़िन्दगी में
उसे अपना बनाना आसाँ नहीं था ज़िन्दगी में

ज़रा ज़रा सी बात पे रूठना और वो नाराज़गी
ऐसे में उसे मनाना आसाँ नहीं था ज़िन्दगी में

तरह तरह की ख़्वाहिशें अलग अलग फ़रमाइशें
तसल्ली उसे दिलाना आसाँ नहीं था ज़िन्दगी में

रक़ीबों[1] से गुफ़्तुगू, रफ़ीक़ों[2] से दूरियाँ फ़ितरत थी
साथ में उम्र बिताना आसाँ नहीं था ज़िन्दगी में

रोज़ नई नई शरारतें जाने कैसी कैसी दिल्लगी
हाल ऐसे में निभाना आसाँ नही था ज़िन्दगी में

बेरुख़ी, बेअदबी, बेकसी, बेख़ुदी कैसी है 'रश्क'
ऐसे मे साथ निभाना आसाँ नही था ज़िन्दगी में

1. रक़ीबों = दुश्मन 2. रफ़ीक़ों = दोस्त

आज गुज़रे ज़माने याद आने लगे
उनके किये सितम याद आने लगे

जिनके वादों से मेरे मनसूबे जवाँ थे
वो वादा शिकन फिर याद आने लगे

क़िस्से तो हुस्ने बेवफ़ाई के सुनते थे
वो बीतेगें संग मेरे ही याद आने लगे

कभी ये बाग़ अपना होता था सैरगाह
रक़ीबों के बिछाये ख़ार याद आने लगे

किताबें बेवजह अदला बदली करना
मिलने के बहाने तेरे याद आने लगे

वादा करके भी न आना तेरा कोठे पर
गरम हवा के वो थपेड़े याद आने लगे

तारों की गिनती समुंदर की लहरें रश्क
इज़हारे पयार के इरादे याद आने लगे

प्यार करता हूँ तुमहें इज़हार नहीं करता
दीदार पर तेरे तुझे बेक़रार नहीं करता

जानता हूँ सुनता हुँ तेरे दिल की धड़कनें
बता के सच ज़माने को तुम्हें दुशवार नहीं करता

दस्त ए जाम देती है साक़ी बार बार मुझे
ना कह के उसे कभी मैं ग़मगुसार नही करता

माँगा तो बहुत कुछ है खुदा से मैंने 'रश्क'
हाथ ख़ाली हैं फिर भी उसे शर्मसार नहीं करता

अब्र[1] हटे तो बद्र[2] का दीदार करूँ
सावन मे रोज वक़्त बेकार करूँ

शबे माह[3] में तिश्नगी बढ़ जाती है
कया करूँ गर न वसले यार करूँ

मुझे तेरी मोहब्बत पर पूरा यक़ीं है
क्यों न तुझ पर जाँ निसार करूँ

पंछी जो मेरे आँगन आ सुस्ताते हैं
सैयाद क्यों मैं उनका शिकार करूँ

इक जिस्मो जान हैं जब मान लिया
फिर क्यों न खुल कर इज़हार करूँ

रुसवाईयाँ देना दस्तूर ए ज़माना है
जान कर क्यों तुझे बेज़ार करुं

भटकता रहा 'रश्क' तलाशे प्यार में
अब क्यों न खुल कर इकरार करूँ

1. अब्र = बादल 2. बद्र = चाँद 3. माह = चाँद

उलफ़त ए बचपन को अंजामे मोहब्बत देना चाहत की हद थी
उस पर तेरा इक़रार ए क़रार कया कहुँ तेरी हसरत की हद थी

अह्ल ए बिरादरी ने न रखी कोई सूरत बाकी जुदा करने की
बाबजूद सितमों के हमसफ़र ए हयात हैं क़िसमत की हद थी

माह ओ महर[1] कहकशां में शबनम ओ गुल गुलिस्ताँ में साथी हैं
जिंदगी अपनी भी हो बसर ऐसी हमारी ख़्वाहिशयत की हद थी

कया कया न किया ख़्वाब ए जन्नत लेने को सलाह ए ज़ाहिद पर
मशवरा ए साक़ी पे रिंदो को दिखी जन्नत ये नसीहत की हद थी

मौसम ए ख़िज़ाँ में हालते रंगत देख गुले गुलिस्ताँ की 'रश्क'
ख़ाक कर दिया आशियाँ बाग़बाँ ने ये जहालियत की हद थी

माह ओ महर = चाँद और सूरज

मुझे पिलाओ, न बाहर करो मयखाने से
मेरा ये घर है हटाओ न युं ठिकाने से

क्यों बुझाते हो शमा बीच यूँ ही रातों में
मिलेगा कया तुम्हे तड़पा के परवाने से

उम्र गुज़ारी सिर्फ़ दरे साक़ी के सामने
पुछते हो क्यों मस्जिद का पता दीवाने से

हिचकियाँ आने लगी जब ज़िक्र हुआ तेरा
पसीना पोछिये क्या होगा अब घबराने से

लुटा के बैठा हुँ खुद को रहगुज़र मे तेरी
मिलेगा क्या तुम्हें मुझे और यूँ सताने से

दे देंगे इजाज़त तुम्हें यूँ मुझसे मिलने की
रखी है कैसी उम्मीद तुमने इस जमाने से

बेदर्द ज़माना है सिर्फ़ बेज़ार करेगा हमको
हासिल न होगा कुछ इन्हें सच बताने से

उम्र होने को है अब तो मिल जा सितमगर
कुछ साँसें दे जा अपनी उम्र के ख़ज़ाने से

तनहा तुम हो और तनहाइयों में 'रश्क' भी है
इज़हार ए पयार करो मिले न कुछ छुपाने से

पहली मुलाक़ात है कुछ ख़याल करो
समझना है मुझे तो कुछ सवाल करो

कम दुरियाँ चलना मेरी फ़ितरत नहीं
दूर तक जाना है तो कुछ कमाल करो

दरख़्तों से टुटा हुँ मालूम नहीं मंज़िल
अपने कल का तो कुछ ख़याल करो

बाद मरने के हमारे रोये ज़रा ज़माना
जहाँ मे ऐसी तो कुछ मिसाल करो

कितनी जिद्दो जहद करोगे उम्र भर
अब आराम तो कुछ फ़िलहाल करो

पाया भी खोया भी लुटाया भी बहुत
बचा बाक़ी उसे तो कुछ बहाल करो

बावफ़ा था 'रश्क' बेवफ़ा तुम निकली
जुल्मो सितम का तो कुछ मलाल करो

लोग जो साथ थे आगे बढ़ते रहे
राह में रुके रुके उन्हें तकते रहे

ख़्वाहिशें तो बहुत थी हमारे अंदर
ज़िम्मेदारी निभाते रहे थकते रहे

जो कहते थे हमसफ़र है तुम्हारे
फ़ुज़ूल उनके लिये हम मरते रहे

तनहा न रह जाऊँ बीच सफ़र में
जो कहा उसने ता–उम्र करते रहे

सियासती ज़हर ऐसा फैला शहर में
डर मे शबो रोज़ जीते रहे मरते रहे

कहने पे उनके क्या क्या न किया
कोह–ए–गराँ चढ़ते रहे गिरते रहे

शिकवा न शिकायत है हमें किसी से
सँभल सँभल कर 'रश्क' सँभलते रहे

तंज़ीमों[1] ने उस्तादों ने सिरफ फ़िरकापरस्ती ही सिखाई है मुझे
कैसे फिर मै भूल जाऊँ जो तालीम[2] बचपन से पढाई है मुझे

मैं चिकना घढा हूँ न समझायो तारीख़ के वाक्यों को दानिशवरों मुझे
झूठे किस्सों से गुमराह कर सियासत हथियाने मे दिखती भलाई है मुझे

हमारे ही इशारों से होते हैं मज़हबी कत्ल ओ दंगे हिंदुस्तान में हर तरफ
चूप रह करता हूँ हौसला अफ्ज़ाई उसकी रत्ती भर न रुसवाई है मुझे

मैं सियासतदार हूँ कोई पीर संत या पैगमबर नही समझ लो
अकलियत[3] को डराने अकसिरियत[4] को भड़काने ने ही तो गद्दी दिलाई है मुझे

1. तंज़ीमों = संस्थान 2. तालीम = पढ़ाई
3. अकलियत = लघुसंख्यक 4. अकसिरियत = बहुसंख्यक

अकसर ऐसे लोग मिले मयख़ाने में
जो गमज़दा थे मारे हूए जमाने से

हकीकत वो ज़िंदगी की न पहचाने
बाद बरबादी के भी लगते दीवाने से

बहुत नज़दीक से देखा परखा उनको
दूआयें माँगते थे हर घूँट के पैमाने से

रहा नशा जब तलक रगों में मस्त रहे
पूरी रात सिर पटकते रहे सिरहाने से

ज़ियादा कल बैठ गया मयकदे में
शराब से नफ़रत होने लगी है
हालत जो मयकशों की देखी मैं ने
खुद से ज़िल्लत होने लगी है

नज़रों में शरारत होंटो पे शराफ़त
हाथों मे सुराही साक़ी के
मेज़बानी देख मेहरबाँ की मुझे
उससे उल्फ़त होने लगी है

नज़रें मिलाना कभी चुराना
शर्म ओ हया लिये साक़ी तेरा
दिल की बात अपनी अब खुल के
कहने की चाहत होने लगी है

चूमता है जाम को कोई बूँद बूँद
छिड़कता है इधर उधर
लगता है 'रश्क' बुतख़ाने जैसी
यहाँ भी इबादत होने लगी है

बुतख़ाने = मंदिर

गुज़रे हुये कल से मुलाक़ात हो गई
कहा था जो उसने वही बात हो गई

इशारे न समझा था ख़ुद के गरुर में
खुशहाल जिंदगी ग़मे हयात हो गई

फ़रेब सारे मेरे सबको नागवार गुज़रे
ख़िलाफ़ मेरे सारी कायनात हो गई

देखे जो ख़्वाब बेहतर कल के लिये
उजड गये सिर्फ़ शिकायात हो गई

हमने उनसे सफ़र में क्या नाता तोड़ा
रहगुज़र में यूँ हज़ारों आफ़ात हो गई

भटकता रहा बेवजह यूँ ही इधर उधर
तमाम उम्र मेरी अब सवालात हो गई

हुआ सो हुआ अब सँभल चल 'रश्क'
अब कल के लिये हिदायात[1] हो गई

हिदायात = नसीहत, सलाह

मोहब्बत नामा मैने दर्ज कर दिया
जो दिल ने समझा अर्ज़ कर दिया

भूलने की तुमहारी फ़ितरत है पुरानी
चुनाँचे अपना अदा फ़र्ज़ कर दिया

कौन करता तबीबे इन्तिज़ार रात भर
याद कर तुझे ठीक मर्ज़ कर दिया

जो घड़ियाँ तेरे इन्तिज़ार में बिताई हैं
तमाम से मुआफ़ ए क़र्ज़ कर दिया

जोड़ा था जो बाक़ी उम्र के लिये
सारा सरमाया तुझ पर ख़र्च कर दिया

ख़्वाहिशे बोसा किया ज़ाहिर तुमने
काँपते लबों को और लरज़ कर दिया

ख़ुशियाँ बाँटता था 'रश्क' हर वक़्त
तेरी सोहबत ने ख़ुदगर्ज़ कर दिया

बहारें ख़िज़ाँ मे बदल जायेंगीं कभी सोचा न था
रंजिशें ऐसा गुल खिलायेंगीं कभी सोचा न था

रोज मिला करते थे जो ख़्वाबो में भी बहलाते थे
ईद में भी न शक्ल दिखायेंगे कभी सोचा न था

ख़ातिरे दीदार बैठे हैं तेरे कूचे में ज़ख़्मी दिल लिये
बिना देखे मुझे निकल जायेंगे कभी सोचा न था

कुछ न किया है सिर्फ़ रुख़ से हिजाब हटाया है
रौशन शमा हुऐ बग़ैर जल जायेंगे कभी सोचा न था

तुम्हारी नाकामियों ने मुझे नाशाद किया था इतना
गिर गिर के फिर सँभल जायेंगे कभी सोचा न था

कोई कमी नहीं छोड़ी बाग़बाँ ने उजाड़ने की चमन
ऐसे हालात में भी खिल जायेंगे कभी सोचा न था

'रश्क' ने खाई है क़सम हर रंग ए हाल मे जीने की
हर पल बार बार बदल जायेंगे कभी सोचा न था

ये जो ख़ुशबू फिजा मे है तेरे आने का इशारा तो नहीं
कुछ देर जरा ठहर जा मैंने तो खुद को सँवारा भी नही

युं छोड़कर अकेले मुझे चले जाना बेवजह जिन्दगी से
तु है तो मैं हूं बगैर तेरे मेरे जीने का कोई सहारा भी नहीं

तुफान अभी रूका नहीं जाँ लेवा है सैलाबी सर्द हवाएँ
उतरो न बीच समंदर के नजदीक अभी किनारा भी नहीं

कुछ अजीब सा लगता है हुआ है इस गुल ए गुलिस्ताँ में
न रौनक़ न बागबान नजर मे और तितली भँवरा भी नहीं

उम्र गुजारी सारी कुनबे को एक करने में, साथ रखने में
महल बनाया था रहने को उसमे मेरा इक कमरा भी नहीं

कहते रहे हमेशा हमसफर बन इक रसते चलेंगे हम तुम
दूरियां बढ़ा दी अब इतनी की देखना तक गवारा भी नहीं

न मुझे सँभलना आता है न तुम्हे जुल्फों से ख़म निकालना
लापरवाह बन गये है रश्क इक दूजे बिन गुजारा भी नहीं

जिंदगी को बहुत क़रीब से देखा है
हमसफरों को बिछड़ते देखा है

जो हर इमतहां में थे सबसे अबवल
उनको भी सबसे पिछड़ते देखा है

दौलत जिनकी क़दमबोसी करती थी
रातों में उन्हें करवटें बदलते देखा है

अहद उठाते थे साथ देने का कब्र तक
गैर–ए–आगोश में उन्हें चहकते देखा है

फ़कर था जिन्हें सफेदो स्याह रंगो का
गिरगिट की तरह रंग बदलते देखा है

कोह–ए–गरां जो छूते थे आसमानों को
उन्हें भी जमीनों में सिमटते देखा है

शानो–शोहरत जिन घरानों की थी मशहूर
छतों से उनके भी पानी टपकते देखा है

मकबूलियत कमाई झूठ फरेब के दम पर
दम आख़िरी उन्हें बिलखते–तड़पते देखा है

क्या–क्या सुनाऊँ दास्तानें सफर की रश्क
खुद अपनो को जुबां से मुकरते देखा है

हम तो मंज़िल पे पहुँच जाते मगर सब के लिए
हम ने ये रास्ते हरगिज़ नहीं छोड़े होते

महफ़िलें और ज़ियादा हुई होती रंगीन
अपने लोगों से जो रिश्ते नहीं तोड़े होते

यारों सहराओं में हरियाली कहाँ थी मुम्किन
रुख़ जो दरियाओं ने उस सम्त न मोड़े होते

संग फिर बुत तो न बन पाते कभी भी लोगो
हाथ उस्तादों ने गर यूँ न मरोड़े होते

'रश्क' फिर कैसे तुझे मिलती ये मक़बूलियत[1]
तू ने गर हाथ दुआओं में न जोड़े होते

मक़बूलियत = पहचान, सम्मान

ना दिन को है क़रार न रातों को चैन है
अब नींद पर है जब्र तो आँखों में बैन है

वो जिसको तुम चराग़ समझते हो ज़ालिमो
वो अस्ल में हमारी तमन्ना की रैन है

दिल में कोई मक़ाम–ए–मोहब्बत है और फिर
तेरा क़याम दिल में उसी जगह ऐन है

ऐ 'रश्क' तेरे दिल में कोई और नाम है
या अब भी राहतों की वही ऐन–ग़ैन है

मेरी जिन्दगी का ख़्याल कर बाकी जो है उसे भुल जा
मेरे साथ कदम–ए–ताल कर बाक़ी जो है उसे भुल जा

ये इधर उधर की हिदायतें ये इसकी उसकी नसीहतें
सिरफ मोहब्बतें बहाल कर बाक़ी जो है उसे भुल जा

तुझे पाने की ख़ुशी में बस जिये जा रहा हुँ
मेरी तिशनगी का ख़्याल कर बाकी जो है उसे भुल जा

कया कया न किया तुझे अपना बनाने की चाह मे
मेरी चाहतों का ख़्याल कर बाकी जो है उसे भुल जा

जुल्मों सितम कितने सहे ये दिन देखने को
अब लुत्फ ए हयात की बात कर बाकी जो है उसे भुल जा

वादा आने का किया है वादाशिकन ने जहे नसीब
सिरफ इन्तजार ए काल कर बाकी जो है उसे भुल जा

बाद मुददत आई है शब ए वसल नसीब मे, रश्क
दो घड़ी तु मुझसे वसाल कर बाकी जो है उसे भुल जा

सच कहूँ मुझे तुझसे कोई शिकायत नही है
नसीब में मेरे उसकी नजर–ए–इनायत नही है

साकी ने दे दिया है पैमाना–ए–मय मेरे हाथ में
लबों तक ले जाने की उसे मेरी हालत नही है

रक़ीबों के झूठे फरेबों मैं गिरफ्तार हो गई वो
कैसे समझाएँ उसको की ये हक़ीक़त नही है

क़ब्र में भी अकेला हूँ सफर–ए–हयात की तरह
किधर जाऊँ मुमकिन यहाँ से हिजरत नही है

अपना कोई तो आता यहाँ कभी चरागां करने
घर जा जाकर बुलाना मेरी फितरत नही है

साजिश ओ शिकार–ए–रक़ीब हो चुकी है वो
बचना अब जंजाल से उसकी हिम्मत नही है

कितनी महफिलों में खिलौना बनी है वो रश्क
हिदायतें देना उसे बार बार मेरी आदत नही है

कल फिर से लौटे हाथ मिरे ख़ाक छान कर
अब आगे हाल ऐ मिरे दिल तू बयान कर

अच्छा था उस के साथ मिरा ग़ैर सा सुलूक
उस ने जो मुझ को छोड़ दिया मुझ को जान कर

कोई न पूछे शहर–ए–मोहब्बत में क़ैस को
इतना भी उस बिचारे को मत बे–निशान कर

दुनिया को इस अदा पे न ऐसे लुटा हबीब
अब इस क़दर भी लम्बी न अपनी ज़बान कर

तू ने विसाल–ए–यार के बदले लिया है ग़म
अब एक बात देख मिरी 'रश्क' मान कर

मिलती हैं मुझे रुसवाईयाँ हमेशा
साथ तेरे रहकर परेशानियाँ हमेशा

इधर रहूँ तो चुप रहती हो अकसर
उधर जाऊँ तो तेरी तल्खियाँ[1] हमेशा

ज़माने के जुल्मो सितम से परेशाँ हुँ
भरे शहर मे ढूडता तनहाईयाँ हमेशा

ख़्वाहिशें हो पूरी रहे तु ख़ुश हमेशा
दुआ यही रहे दूर ग़मगीनियाँ हमेशा

जब देखा नज़र भर के देखा तुमने
मुझ पर रही कई मेहरबानीयाँ हमेशा

आशिक़ी ए इश्क़ को खेल न समझ
भारी पड़ेंगीं तुझे ये ग़लतियाँ हमेशा

चराग़ घर के मद्धम न हुए कभी
चली तेज़ कितनी आँधीयाँ हमेशा

दूर रहूँ तो बेचैन पास रहूँ तो बेज़ार
चुभती रहती हैं नुक्ता–चीनियाँ हमेशा

कब तक कहाँ तक रखूँ नज़र 'रश्क'
बढ़ाती हो क्यों ज़िम्मेदारियाँ हमेशा

तल्खियाँ = ताने

जिंदगी अब शराब हो चुकि है
खुली अब किताब हो चुकि है

आदत क्या पड़ी मयखाने की
शराब अब बेहिसाब हो चुकि है

इंतजारे जवाब था जिसका तुझे
वो भी अब लाजवाब हो चुकि है

खेला साथ जिसके बचपन में
कमसिन अब शवाब हो चुकि है

पहचान न पायेगा उस कली को
खिल कर अब गुलाब हो चुकि है

बहुत ठंडक थी उसकी सोच मे
पर अब आफताब हो चुकि है

मत ढूँढ रहमदिलो को शहर में
नस्ल ये अब नायाब हो चुकि है

भूल जा तू अपनी जाँ निसार को
वो अब चाहते जनाब हो चुकि है

कया लिखू तेरे हुस्न के मुतालिक
सूरत अब कैदे हिजाब हो चुकि है

तसववूर ही करता हूँ तेरा रात दिन
नींद अब मेरी बेखवाब हो चुकि है

छोड दे लत बादाखाने की 'रश्क'
हालत अब तेरी ख़राब हो चुकि है

कम रह गई शराब मुझे मयख़ाने ले चलो
पीनी है रिंदो संग उसके ठिकाने ले चलो

मुद्दत हुई इक नींद का झौंका लिये हुऐ
देखने हैं हसीन ख़्वाब मुझे सिरहाने ले चलो

जिसकी यादे ग़म मे तोड़ा है दम किसी ने
उसकी सैरगाह में उसे किसी बहाने ले चलो

मन्नतें रग लाती हैं जहाँ टूटे दिल जोड़ने की
ग़मगीन आशिक को उसी बुतख़ाने ले चलो

तड़प ए वसल ए यार में कोई गुज़र न जाये
मोहब्बतें ख़ुश्बू ए गुलिस्ताँ मे घूमाने ले चलो

कोई शिकवा न शिकायत ज़माने से 'रश्क'
इक दफ़ा दास्ताने हक़ीक़त सुनाने ले चलो

रिंदो = शराबी

उम्र तमाम गुज़री उन्हें मनाने में
तनहा रखा ता–उम्र हमें जमाने में

पूछा जो सबब रुस्वाई का उनसे
बोले क्यों देर की थी आने में

नहीं मिलना है तो कुछ साफ़ कहो
मिलेगा क्या यूँ बहाने बनाने में

इक झलक दिखा के गुम हो जाना
हासिल किया है रोज़ यूँ तरसाने में

लैला, सोहनी, शीरीं की बातें करना
छोड़ो कया रखा है इस अफ़साने में

न होंगीं बर्दाश्त जमाने की तलखियाँ
अलविदा करो कया रखा है निभाने में

कोई आरज़ू न बची बाक़ी तुझे पाकर
जाकर क्या करें अब हम बुतख़ाने में

खुमार–ए–इश्क़ इस क़द्र चढ़ा है
नजर भी नही पड़ती तेरे मयख़ाने में

बुत–परस्ती या मय–परस्ती करे 'रश्क'
कहेंगे काफ़िर ही लोग मुझे ज़माने में

दिलदार था आज क्यों दर किनार कर दिया
साफ़ कहो मोहब्बते दौराँ ने दिल भर दिया

मुझे मेरी नाफ़रमानियाँ न गिना मेरे सनम
मेरे प्यार ने ही तुझे इस क़ाबिल कर दिया

चंद लम्हे कया बिताये महफ़िले दानिशों में
आपको शहरे आक़िलो आदिल में शामिल कर दिया

क्या गुज़री तुम बारिश में भीगे बदन बाज़ार में
वाली ने नाम तेरा क़ातिलों मे दाख़िल कर दिया

दाख़िला देकर वहशियों को बादाख़ाने में साक़ी
जो जाहिल थे उन्हें और भी जाहिल कर दिया

हक़ीक़त जानता है 'रश्क' तुम्हारी मुँह न फेरो
ज़र्रे को सितारा नाचीज़ को फ़ाज़िल कर दिया

दूर से देखना तेरा मुझको जब बना देता है दिवाना
फ़ासले कम हो गये दरमयान तो हाल क्या होगा

हलफ़[1] उठा ली है गर न गुज़रने की उस रहगुज़र से
मुंतज़िर[2] है जो दीदार का तेरे उसका हाल क्या होगा

निहारता हुँ हमेशा महताब तेरा हम–शक्ल मान कर
सावन में छिप गया बादलों में तो हाल क्या होगा

खिड़की मेरे कमरे की तेरे आँगन की तरफ़ खुलती है
हमसाये ने दीवारे मकाँ उँची की तो हाल क्या होगा

सजाई है महफ़िले ख़ैरमक़दम सिर्फ़ उनके वासते
वादा कर के भी न आये सनम तो हाल क्या होगा

क़सम उठाई है न पियूँगा क़तरा भी मय का कभी
यारों संग मयकदे मे बैठ गया तो हाल क्या होगा

रक़ीबों ने माना की दरारें बना दी हम दोनों के बीच
राज़ ए हक़ीक़त खुलेगा 'रश्क' तो हाल क्या होगा

1. हलफ़ = कसम 2. मुंतज़िर = प्रतीक्षा

जब भी होती है तेरे नसीब की बात होती है
खुशनसीब हुँ तेरे साथ मेरी भी बात होती है

जो साया बनके संग रहे अंधेरों मे भी हमेशा
शाम ए बज़्म में ऐसे हबीब की बात होती है

अपनो मे दूरियाँ कराना दूजे से बेहतर दिखाना
अकसर ऐसी हरकतों मे रक़ीब की बात होती है

कमियाँ तुझमें भी थी ख़ामियाँ मुझमें भी हैं
फिर हर बार क्यों मेरे ही मुईब की बात होती है

ये दरिद्रों का शहर है गुनाह है इश्क़ करना यहां
बनाये क़ायदे तोड़े तो सलीब की बात होती है

कोई गमजदा गुजर गया कोई जल के मर गया
हादसे ऐसे क्यों तेरे ही क़रीब की बात होती है

ख़ास कोई शफा है या इलाज पास इसके रश्क
जब भी होती इसी तबीब की बात होती है

1. हबीब = मित्र 2. सलीब = सूली 3. तबीब = वैध, डॉक्टर

मोहब्बतनामे पर तेरे दस्तखत कहीं बुरे हाला साजिशे आगाज तो नही
पास मेरे हैं खेलते बजते खिलौने हाथ तेरे कहीं मातम ए साज तो नही

चुप क्यों हैं परिंदे आज चमन में सैयाद के आने कहीं आवाज तो नही
परिंदे जो मेरी चौखट पर रोज रहते हैं उनमें कहीं सैयाद ए बाज तो नही

मुह फेर लेना देख मयकदे में आज तबीयत उनकी कहीं नासाज़[1] तो नही
कोई पिलाये या साकी भी ना कर दे मैं रहमो करम का मोहताज तो नही

परेशानियाँ घेरे रहती हैं बेवजह मुक्कद्दर कहीं मेरा मुझसे नाराज तो नही
रक़ीब भी आज खुश नजर आते हैं संग उनके मेरा कहीं हमराज तो नही

जरूर किसी उस्ताद ने सवांरा है आदतन इतनी ऊचीं परवाज तो नही
इतराये फिरते रहते हो शहर में रश्क हकुमरानों का सिर पे ताज तो नही

नासाज = खराब, पर्तिकुल

हम ने खुशियाँ ही न पाईं उम्र भर
फिर ये दिल क्यूँ कह रहा है सब्र कर

डूबते तिनके को मिल जाए किनार
काम ऐसा हो कि जिस पर फ़ख़्र कर

खुद–परस्ती है तिरी फ़ितरत मगर
खुद–परस्ती का बुरा तू हश्र कर

दिल पे छाई है बला की धूप और
मशवरा मेरा है उस पर अब्र कर

'रश्क' को तू मान ले अपना हबीब
वो जो कहता है उसी पर सब्र कर

आग लगवाते हो, समझाते हो मतलब क्या है
तुम रुला कर मुझे बहलाते हो मतलब क्या है

क्यों जलाते हो घरों को ये बता दो आख़िर
ज़िंदगी किस लिए जलवाते हो मतलब क्या है

इन ग़रीबों का लहू चूसते क्यों हो साहब
इन को इस चक्की में पिसवाते हो मतलब क्या है

मतलबी करते हो माहौल को पहले और फिर
मतलबी लोगों को बहकाते हो मतलब क्या है

'रश्क' किस तरह तुम्हें बात ये समझाएगा
तुम समझ कैसे नहीं पाते हो मतलब क्या है

मैं ने मय–ख़ाने में क्या खूब ये हरकत देखी
यानी साक़ी की निगाहों की हिमाक़त देखी

चंद बूँदों की कमी आई थी पैमाने में
रिंद की फिर तो वो बे–वजह शिकायत देखी

एक तो ख़्वाब हुई जाती है मस्ती सारी
और फिर उस पे तिरी आँखों की ग़ैरत देखी

बे–अदब हो गए जब रिंद तो फिर लोगों ने
सागर–ओ–खुम की मियाँ खूब फ़ज़ीहत देखी

'रश्क' की आँखों में उतरी जो शराब–ए–उलफ़त
उसने बदली हुई इस दहर की रंगत देखी

हाथों की लकीरों मे कया है कोई बतलाये मुझे
मेरा मुक़द्दर कहाँ सो रहा है दिखलाये मुझे

हज़ार टोटके किये जाने कितनी तावीज़ें पहनी
छोड़ छुपा हैं कहाँ महबूब कोई बतलाये मुझे

तुम कहते थे मोहब्बत बंदगी है पाक जिंदगी है
फिर कयों भटकता हूँ तन्हा कोई समझाये मुझे

छोड़ दे लत ए शराब कया हुआ गर मिल न सके
उम्र गुजारने का फ़लसफ़ा न कोई सिखाये मुझे

वस्ल ए यार भी होगा सब्र ए इन्तिज़ार मीठा है
कहो ज़ाहिद से फुजूल दलीलों से न बहलाये मुझे

दरों दीवारों मशीदो मंदिरों की चौखट पर रोया हुँ
दरे मयकदा भी हो आऊँ 'रश्क' कोई बतलाये मुझे

तेरी हर बात इक कहानी लगती है
मुझे हर रात अब वीरानी लगती है

जिंदगी को मेरी फसाना बना दिया
अब हर शय मुझे दीवानी लगती है

साया जो दिया काली घटायों का
हर सम्ते हवा अब सुहानी लगती है

अंजुमन मे तेरे फ़रिश्तों की मौजूदगी
ख़ूब उनहे भी तेरी मेज़बानी लगती है

लुटे आशिक के हाथ सागरों सुराही
ज़रूर साक़ी की मेहरबानी लगती है

कुछ तो आज गुज़रा है बेहतर ऐसा
तेरे चेहरे पे रौनक़ ए नूरानी लगती है

जिधर भी जाओ लोग सलाम करते हैं
शहर ए ख़ाक 'रश्क' ने छानी लगती है

प्यार कर लिया उनसे इजहार करना नही आया
हमें तो आशिक़ी का फ़लसफ़ा समझ नही आया

वैसे वो हर वक़्त नज़रों में रहते हैं, इतराते फिरते हैं
हिम्मत हुई कुछ कहने की तो वो सामने नहीं आया

आग़ाज़[1] कर दिया सफ़र ए उलफत का भेज कर ख़त
बैठे हैं इन्तिज़ार में लौट कर अभी क़ासिद नहीं आया

इबतदा ए इश्क़ है क्यों अभी से बेताब बेचैन है दिल
हाल अभी ये है कया होगा अंजाम समझ नहीं आया

ख़ून ए जिगर से लिख कर किया है हाल ए दिल बयाँ
होगा क्या पैग़ाम ए मोहब्बत गर उन्हें रास नहीं आया

झट से उतर जाते वो छत से, चले जाते हैं, मुँह फेरे हूये
शायद मेरा उन्हें छुप छुप के निहारना पसंद नहीं आया

रख दी कोने मे नहीं गुज़ारी नज़रों से किताबें जो दी थी
कया तुम्हे मेरा ख़त रखने का बहाना समझ नहीं आया

हसरते दीदार ए चाँद करता हूँ गर तुम न नज़र आओ
हुआ क्या आज न तुम दिखी चाँद भी नज़र नहीं आया

किसी मरज का नही फ़रेब ए हुस्न का बीमार है 'रश्क'
ग़ौरतलब है तबीब[2] को मरज़ ए मरीज़ समझ नहीं आया

1. आग़ाज़ = शुरुआत 2. तबीब = डॉक्टर, बैद्य

तेरी हिदायतों को लेकर अब और नही चला जाता
गिर गिर के सँभला हूँ अब और न सँभला जाता

जाने कयों आज भी तेरे वादों इरादों पे मैं मेहरबाँ हूँ
कोई और होता तो न जाने कब का पगला जाता

गुमराह करते रहे मेरे दोस्त ग़लत बयानी करते रहे
कोई तो सामने आता पैग़ामे मोहबबत दिला जाता

इन्तिज़ार करता रहा फ़िज़ा का उजड़ा चमन बहारों में
रोका फ़िज़ाओं ने वरना ख़िज़ाँ मे बहारें खिला जाता

मस्त हैं सब जल जायेगें परवाने शमा के इर्द गिर्द
बचा लो सहर से पहले जिनसे और न जला जाता

सुपुर्दे ख़ाक हो चुका हुँ तेरी चाहत को लेकर मैं
'रश्क' अब इससे ज़ियादा न ख़ाक मे मिला जाता

मौसमे ख़िज़ाँ में बिखर जाते है पत्ते चिनारों के इधर उधर
अदबी आवाम को देखा है बिखरते क़तारों के इधर उधर

माहौल खुशनुमा हो हालात बेहतर, तो कुछ परवाह नहीं
जरा सी तकलीफ़ में घूमते फिरते हैं मददगारों के इधर उधर

क़दर ए आब जाननी है पूछो जो गुज़रे है कभी सेहरायों से
दीदार ए दरिया पर नाचते फिरते है किनारों के इधर उधर

कुछ ग़मज़दा कुछ खुशनुमा जब पी लेते कुछ ज़्यादा
रिंद लेते फिरते हैं मयकदे में सहारे यारों के इधर उधर

सुना है तलाशा ए खुश्बू ए कस्तूरी दौड़ता है हिरन जंगलात में
ताक़ते जनून पहचान अपनी भटक ना दरो दीवारो के इधर उधर

संगदिल बेवफ़ा था वो छोड़ चला गया तुमहें वक़्त की तरह
भूल माझी न आयेगा किसका इन्तिज़ार गलियारों के इधर उधर

ले मज़ा बहारों का, हसीन वादियों का गर जीना है तुझे
दुशवारियाँ मिलेंगीं रहेगा गर दिलजले बीमारो के इधर उधर

न मिली खुशी, न पाई, गुज़ारी उम्र अंधेरों में हमेशा
छोड़ चाँद ढूडता हूँ रौशनी हर वक़्त सितारों के इधर उधर

किया ज़माने ने इस्तेमाल पूरा समझा न जज़्बातों को रश्क
रेशा ए गर्म रेत हूँ सेहरा की भागता हूं फुहारों को इधर उधर

तेरा मुझे यूँ देखना दीवाना बना देता है
न जाने किस किस का निशाना बना देता है

नशा टपकता है तेरी नज़रों से मुसलसल
हर महफ़िल को मयख़ाना बना देता है

दस्ते आब लिये घूमते है सब पास तेरे
छूना ही तेरा उसको पैमाना बना देता है

दोसती तेरी किसी आमावर के साथ
मामूल को ख़ुसूसे ज़माना बना देता है

रौशन शमा शर्मा जाये तेरे हुस्ने नूर से
तमाम हजूम को परवाना बना देता है

मुसलसल = लगातार

सलीक़ ए गुफ़्तगू तो कोई तुमसे सीखे
सियाने को और भी सयाना बना देता है

दाख़िले महफ़िल होना तेरा गुनगुनाते हुए
ख़ामोश माहौल को सुफ़ीयाना बना देता है

टहलते हुये जहाँ पड़ा तेरा साया ज़मीं पर
तपते सहरा को भी आशियाना बना देता है

रोज़े ईद को तेरा हाज़िर होना मस्जिद में
इबादतगाह को भी बुतख़ाना बना देता है

होती हैं जहाँ ज़माने की मन्नतें क़बूल
'रश्क' वही संग तेरे ठीकाना बना देता है

मुग़ालते[1] में न रखो मुझे मेरी हक़ीक़त बताओ
दिलो ज़हन में क्या है मुझे मेरी ज़ीनत बताओ

बार बार देखना मुझे चिलमन उठा उठा कर
क्यों रोज़ रोज़ करती हो ऐसी हरकत बताओ

ता–उम्र करना है क्या इन्तिज़ार वस्ले यार मुझे
मुसतक़बिल जानने वाले मेरी क़िसमत बताओ

कोई कमी न रह जाये मेरी उनसे गुफ़तुगू में
अपने तजुरबे से ऐसी कोई नसीहत बताओ

ख़बर सब है कहाँ कहाँ न भटके मेरी तलाश में
सफ़र में किसने की है तेरी ये हालत बताओ

कभी रखा नहीं हिसाब बक़ाया मयख़ाने का
क्यों करती हो रिंदों से साक़ी शिकायत बताओ

ज़ाहिद रोकता है साक़ी बुलाती है बार बार
किसकी मानूँ या न मानूँ हिदायत बताओ

उलझनों में उलझी हो ग़फ़लतों मे गुम हो तुम
कब मिलेगी मिलने की ज़रा फ़ुरसत बताओ

खड़े हैं क़तार में 'रश्क' उम्मीद लिये हुये
बरसेगी कब हम पर खुदाई नेमत बताओ

मुग़ालते = संदेह

गर मेरे हो तो मेरे हाथों मे हाथ क्यों नहीं देते
बीमार ए इश्क़ हुँ मैं मुझे दवा क्यों नहीं देते

मोहब्बत का मारा हूँ मैं कभी भी उठ जाऊँगा
मुझे तुम लम्बी उम्र की दुआ क्यों नहीं देते

छोड़ो संगदिली अब जफाओं में क्या रखा है
वफ़ाओं का बदला तुम वफ़ा से क्यों नहीं देते

मेरे तसव्वुरात ने तेरी इक तस्वीर बनाई है
रंग भर के उसमें सजा ह्वया क्यों नहीं देते

तोड़ रहा दम वो तेरे कूचे में तेरा नाम लेते लेते
ख़ुदाया उसे दामन की अपने हवा क्यों नहीं देते

चाहत है तुम मुझे देखो मैं निहारूँ तुम्हें हमेशा
चौखट से फिर ये चिलमन हटा क्यों नहीं देते

पत्थरा गई हैं आँखें 'रश्क' राह तकते तकते
आने की खुशख़बरी अब सुना क्यों नहीं देते

तसव्वुरात = कल्पना

ज़िंदगी अब कुछ चोट खाई सी लगती है
हर शय अब कुछ हुई पराई सी लगती है

परिंदे जो उड़ा करते थे आज़ाद आसमाँ में
उड़ान में उनके कमी आई सी लगती है

हाथ उठा उनका जो देखना फ़लक की तरफ़
इबादत नहीं कोई अंगड़ाई आई सी लगती है

अचानक उठ के जाना ज़ुल्फ़ों से खेलते हुए
पहली मुलाक़ात है कोई शर्माई सी लगती है

शायद बेवफ़ा ने छलनी किया है दिल इसका
महफ़िले याराँ में हसीन घबराई सी लगती है

उनके घर से कुछ रौशनी ए शब तो छलकी
वसले यार है इक शमा जलाई सी लगती है

वक़्ते वस्ले यार चेहरा हिजाब में ढके रखना
रंजो ग़म 'रश्क' दिल में छुपाई सी लगती है

मैं जब ख़ुद को तन्हा समझने लगा हूँ
सभी को पराया सा लगने लगा हूँ

बहुत ख़ामियाँ ख़ुद मिरी ज़ात में हैं
मैं अपनी ही हस्ती परखने लगा हूँ

लगा था ये दिल किस लिए संग–ए–दिल से
मैं नादानियों पर भी हँसने लगा हूँ

बनाएँगे अपना समझ कर वो मुझ को
मैं इस जाल में आप फ़ँसने लगा हूँ

मैं अपनी ही तन्हाई को 'रश्क' आखिर
पिला कर नए ज़हर डसने लगा हूँ

कोशिश तो की हज़ार चलूँ साथ वक़्त के
लेकिन कभी मिले ही नहीं हाथ वक़्त के

सब कुछ बदल गया है मिरी ज़िंदगी मगर
बदले नहीं कभी कहीं हालात वक़्त के

जो तेरे जी में आए वही काम कर सके
इतने हसीन तो नहीं जज़्बात वक़्त के

हम को भी कुछ नज़र नहीं आता है दोस्तो
तुम को भी दिख नहीं रहे आलात वक़्त के

ऐ 'रश्क' तू बता कि तिरी ज़िंदगी में कौन
करता रहा है हल ये मुअम्मात वक़्त के

मुअम्मात = पहेली, रहस्य

वकत कुछ कम रह गया शायद, कोई दूर से बुला रहा है मुझे
पीछे देखा जिंदगी को कोई अपनी यादों से रुला रहा है मुझे

बात बात पे रुठना वो बात बात पर हँसना मनाना खेलते हुऐ
छोड अपनी बारी अपने हाथों से कोई झुला झुला रहा है मुझे

सोना सुबह देर तक ओढे चादर छत पर और तेरा जगाना मझे
आज भी लगता है जैसे कोई गहरी नींद में हिला रहा है मुझे

वो दिल्लगी थी तेरी या हक़ीक़त जो तेरा बैठना था ग़ैरों संग
ये वाक़या आज तलक सुलग सुलग कर जला रहा है मुझे

तेरा मुड़ मुड़ कर देखना बेज़ार नज़रों से मेरे घर की तरफ
मेरे कमज़ोर हिममत ए होसंले की याद दिला रहा है मुझे

दुखी था यारों ने मयखाना दिखा दिया मिज़ाज बदली वासते
न मिज़ाज बदला न वो मिले अब गम ही पिला रहा है मुझे

कयों गुजरे किस्से अब याद आने लगे बेसाख़्ता बाद मुददत
मेरे कल को कल से 'रश्क' शायद कोई मिला रहा है मुझे

बेसाख़्ता = अचानक

जीना चाहा तो मरने के लिये
मरना चाहा तो जीने के लिये मजबूर किया
हमें तो ताउम्र दुनिया की जुल्मात ने मजबूर किया

दहलीज़ से बाहर न निकले घूंघट ही मे रहे
हमको तो इस घर की रवायात ने मजबूर किया

करना चाहा तो रोक लिया,किया तो टोक दिया
कया करे हमें तो उनके ख़यालात ने मजबूर किया

अपनो से मिलने न दिया,गैरों संग उम्र गुज़ारी
हमको तो जमाने के अहसानात ने मजबूर किया

सी रखे थे लब, हिम्मत हुई न कुछ कहने की
हमें तो हमेशा उनकी इनायात ने मजबूर किया

डरे सहमे बैठे रहे, ख़्वाहिशें अपनी दबाते रहे
हमे रोज़ ख़ानदान ए फ़ज़ीहात ने मजबूर किया

कया कर रहे हो, कहाँ जा रहे हो, कब आओगे
हर वकत हमको ऐसे सवालात ने मजबूर किया

चशम ए आब पीते रहे, रंजों गम में जीते रहे
कया करे रशक हमे हालतेहयात ने मजबूर किया

दुनिया शराबी हो गई
नहीं चखी मैंने शायद मुझमें ख़राबी हो गई

बेकार ताने देते रहे
सवालगोई में बेहतर हाज़िर जवाबी हो गई

तुमसे रिश्ता क्या जोड़ा
मुफ़लिस की सोहबत यूँ ही नवाबी हो गई

क़तरा क्या ले लिया
मयकदे मे पीने की आदत बेहिसाबी हो गई

जब कुछ नही था पास तो कितना सबर था
न खींचातानी न कोई फ़ाक़ा ए फ़िकर था

परिंदों की चहक, मुर्ग़ों की सुबह होने के पैग़ाम
साफ़ सुनते थे कितना चुपचाप ये शहर था

अब न हरियाली कहीं हर तरफ़ लु के थपेड़े
ठंढी छाँव लिये घर के अहाते ही में शजर था

साँझा दीवारें खुलते दरीचें हमसायों की तरफ़
किसी का हो मोहल्ले में हर किसी का घर था

होली की रगीं सुबह शामें ईद की महकती फ़िज़ाँ
जन्नत देख शर्माये ऐसा मेरी बसती का मंज़र था

कुछ ज़रूर बदला है 'रश्क' बीते दशकों में हुज़ूर
ऐसा न कभी सोचा था न कभी इसका ज़िक्र था

क़ाफ़िले से मुझे जुदा कर के काहे तुम मेरी फ़िक्र करते हो
कितने भोले हो कितने नादान हो फिर भी मेरा ही ज़िक्र करते हो

ये बताओ कि कब कहाँ कैसे तुम ने अपनी वफ़ा निभाई है
ख़ुद को देते हो धोका मेरी जाँ और अपना ये हश्र करते हो

दिल दिया था तुम्हें ख़ुदा की क़सम अपना जाना था जान से ज़ियादा
तुमको न लेना था तो न लेते क्यों मुझे बेक़रार करते हो

राज़ कितने दफ़्न हैं तेरे मेरे और रिश्तों के बीच मुद्दतों से
यादों में रहने दो उन्हें क्यों कर इस ज़माने की नज़र करते हो

हमने माना कि जल उठे थे चराग़ साअत–ए–वस्ल से कहीं पहले
पर ये कैसी दीवानगी साहब अब क्यों ये पहर–पहर करते हो

जिनको मिट्टी ने ख़ुद में जज़्ब किया इक मुद्दत गुज़र गई है 'रश्क'
अब भी तुम इन्तिज़ार–ए–यार–ए–जुनूँ रोज़ हर शाम–ओ–सहर करते हो

साअत–ए–वस्ल = मिलने का समय

अपने दिल की किसे बताया करूँ
दर्द–ए–दिल मैं किसे दिखाया करूँ

तू ही बतला मुझे ग़म–ए–तन्हाई
तुझ से बिछड़ूँ कहाँ पे जाया करूँ

ऐ तमन्ना के ख़्वाब हिज्र के रंग
मैं तुम्हें ही गले लगाया करूँ

ज़िंदगी का गिला करूँ किस से
मौत का फ़ैसला सुनाया करूँ

'रश्क' तुझ को बताऊँ मैं क्या क्या
बस यही हाल–ए–दिल सुनाया करूँ

वो छोड़ जाऐंगे हमें मालूम ही न था
मुँह मोड़ जाऐंगे हमें मालूम ही न था

वाबस्ता जिन से थी दिल–ए–मासूम की उमीद
दिल तोड़ जाऐंगे हमें मालूम ही न था

दीवार–ए–बे–ख़ुदी से दिवाने तिरे सनम
सर फोड़ जाऐंगे हमें मालूम ही न था

इस बे–हिसाब काहकशान–ए–ख़ला में सब
कुछ छोड़ जाऐंगे हमें मालूम ही न था

ऐ 'रश्क' यूँ तो दिल न जुड़ा जिन से उम्र–भर
जाँ जोड़ जाऐंगे हमें मालूम ही न था

काहकशान–ए–ख़ला = आकाशगंगा का खालीपन

जब हम सँभल रहे थे दरून–ए–हयात तब
किस हादिसे ने आ के है पूरा हिला दिया

तरसे तमाम उम्र ही खुशियों को और फिर
काँधे से बद–नसीबी ने काँधा मिला दिया

ज़ेहन–ओ–नज़र में ग़म–ज़दा थे हम हमेशा से
या–रब हमें ये कौन गुनह का सिला दिया

मय–ख़ाने में जो आए थे ग़म दूर करने को
ग़म बढ़ गया है साक़ी अरे क्या पिला दिया

ऐसी ग़ज़ल लिखी है मिरे दर्द ने कि आज
आलम को उस के शेरों ने पूरा हिला दिया

दरून–ए–हयात = अंदरूनी जीवन

सबब जुदाई का इस दिल पे मेरे ज़ाहिर कर
बना के ग़ैर मुझे अपने दिल से बाहिर कर

मैं तेरे फूल से चेहरे को देखता हूँ अभी
इसी लिए तू मुझे सहरा का मुसाफ़िर कर

ये रात रूठती है किस क़दर बग़ैर तिरे
तू इस को जान के मेरे लबों पे हाज़िर कर

मुझे मिला नहीं कोई कभी अलावा तिरे
तुझे भी मेरी क़सम है कि खुद को क़ासिर कर

मैं 'रश्क' रिश्ता–ए–तन्हाई से ही ज़िंदा हूँ
तुझे विसाल की सौगन्द हिज्र आख़िर कर

1. क़ासिर = नाकाम, असमर्थ 2. हिज्र = जुदाई

शाम फिर छोड़ गया तन्हा मुझे
तेरा मयख़ाने से पियार क्या कहूँ

दहलीज़ पर बैठी रही राह तकती
करती रही यूँ इन्तिज़ार क्या कहूँ

राज़े मोहब्बत सरे आम कर दिये
खुब किया शर्मसार क्या कहूँ

ख़तायें माफ़ कर बेवफ़ाई भूल जा
ता–उम्र रहुंगा तल़बग़ार क्या कहूँ

ग़लत–फ़हमी जो हुई दर्मियान हमारे
कौन है इसका ज़िम्मेदार क्या कहूँ

बागबाँ ने सारे नुकते आज़माये 'रश्क'
मुड़ के न आई बाग़ों मे बहार क्या कहूँ

अचानक इक हलके से ज़लज़ले में खंडरात होती है
न रहो कच्चे मकाँ में अलग इनकी फ़ितरात होती है

क्या ढूँडते फिरते हो इस ज़ालिम शहर में हर वक़्त
रात जो आग़ोश ए महबूब गुज़रे वही रात होती है

फ़रेब ओ साज़िश से यहाँ न होगा कुछ भी हासिल
मुलाक़ात जो सलीक़े से की जाये वही बात होती है

कैसे कह दूँ की जाहिद ने कभी चखी नहीं शराब
मेरी तो मयकदे में उनसे रोज़ मुलाक़ात होती है

नहीं ज़रूरी सरे बाज़ार किसी को शिकस्त देना
नज़रों से गिरा देना भी इक क़िस्म की मात होती है

मेहमान नवाजी न कोई ख़ातिरदारी तेरे बुलावे पर
बद–इन्तिज़ामी क्यों ऐसी बार बार बज़्मे रात होती है

ले जाते हो क्यों झगड़े घर के सुलझाने बेगानों में
'रश्क' घर की घर ही में रहे बात वो बात होती है

वो रात कितनी लम्बी थी ये मुख़्तसर क्यूँ
है शमा अभी है रौशन फिर आई सहर क्यूँ है

जहाँ नहीं सजती हैं मोहब्बत की महफ़िलें
उस जहाँ में जरा बताये ऐसा शहर क्यूँ है

मैंने तो दहलीज़ से सज़दा किया था तुमको
शहर के हर रिसाले में इसकी ख़बर क्यूँ है

तानाशाह ने लगाई है पाबन्दी मोहब्बत पर
शामिल हर दिलदार के प्यालों में ज़हर क्यूँ है

जानता हूँ बहुत दूर जा पहुँची हो मेरी पहूँच से
ढूँढती रहती है फिर भी मेरी ऐसी नज़र क्यूँ है

बना लिया है अपना आशियाँ तेरे मुहल्ले में
शामो सहर मिलने में फिर अगर मगर क्यूँ है

कहना चाहा हाल ए दिल तो मुँह फेर लिया
अचानक तुम्हे फिर मेरी इतनी फ़िकर क्यूँ है

मंज़िले अलग अलग हैं मक़सद भी है अलग
मेरे साथ तु बता तेरा फिर ऐसा सफ़र क्यूँ है

बिछाये हैं फूल हमने तेरी रहगुज़र में 'रश्क'
पसन्द तेरी फिर भी काँटों भरी डगर क्यूँ है

1. मुख़्तसर = छोटी 2. रिसाले = अख़बार, पत्रिका

मोहब्बत की राहों में अकेला न छोड़ जाना
इक मुद्दत के बाद दिल बहला है
मोहब्बत की राहों में मेरा साथ निभाना
इक मुद्दत के बाद दिल बहला है

न चैन था न दिल को क़रार था
इक उलझन सी घेरे रहती थी सदा
वो लमहात बीते कल ही रहे
इक मुद्दत के बाद दिल बहला है

न कोइ तमन्ना थी
न कोइ दिल के क़रीब था कभी,
पर अब खुशियाँ बेहिसाब हैं
इक मुद्दत के बाद दिल बहला है

रोशनी ए शमा से भी अंधेरे न गुम होते थे
पर अब अमावस् में चाँद सितारे नज़र आते हैं
इक मुद्दत के बाद दिल बहला है

बहारें आईं गुल खिले सब
कफ़स में रहकर गुमसुम देखती रही
पर अब लुत्फ़ ए नज़ारों को देखता हूँ

आज़ाद परिन्दों की तरह
इक मुद्दत के बाद दिल बहला है

हसीन ख़्वाबों में जो आरजु ए मोहब्बत की थी हमने
या इलाही हक़ीक़तें ज़िन्दगी में बदला उसे
पर अब न आए वो दौरे ग़म यही इल्तिजा है 'रश्क'
इक मुद्दत के बाद दिल बहला है

कुछ रौशनी माँगीं थी चराग़ों से मैंने
माहौल में ये धुआँ कहाँ से आ गया

हर ख़ुशी ओ ग़म में शामिल रहा हमेशा
ज़हन में तेरे ज़हर कहाँ से आ गया

पियार ही किया तुझे कोई गुनाह नहीं
खातिर ए पियार कहाँ से कहाँ आ गया

ख़ुद को कोसूँ या तुमसे गिला करुँ 'रश्क'
ठीक था सब कुछ बुरा कहाँ से आ गया

ख़िदमत भी की बन्दों पे जाँ भी लुटाई
इवज़ में शबाब आया न सबाब आया

इन्तज़ार करता रहा मैं जिसका उम्र भर
न वो खुद आया न उसका जवाब आया

तमाम कोशिशें की रौनक़ बरक़रार रहे
उनके मुताबिक़ चेहरे पे न रुआब आया

बहारों में गुले गुलज़ार को सजाती रही
मेरे हिस्से मे सिर्फ़ सूखा गुलाब आया

कोसते गुज़ारी तमाम उम्र उसने हमको
जफ़ाओं का न उनकी हिसाब आया

पूछा मोहब्बत के मायने क्या है 'रश्क'
जवाब इस पर उसका लाजवाब आया

बसने के ठिकाने चले गये, लुटने के जमाने आ गये
उम्मीदे हिफ़ाज़त थी जिनसे उनके भी बहाने आ गये

छोड़ गये थे वो तनहा, टूटी चप्पल पैबंद देख कर
नूरे दौलत पास देख कर सब मेरे सिरहाने आ गये

होता है कौन खुश किसी की खुशहाली देख कर
नज़ारा जब नज़र किया सब मुझे मिटाने आ गये

मौसमे ख़िंज़ाँ ए गुल को देख बैरंग आशियाने में
सज सँवर कर सारे भँवरे गुल को लुभाने आ गये

खो बैठे थे उम्मीद ए दीदार जिनकी बरसों पहले
रुबरु हुए तो ख़ुद बख़ुद यूँ होटों पे तराने आ गये

मालूम हुआ जब मुझे पता उनके ठिकाने का, 'रश्क'
बाद मुद्दत लगता है दिन अब मेरे सुहाने आ गये

बाद पीने के महताब भी तेरा चेहरा लगता है साक़ी
लमहों के लिये मयकदे से हटा पहरा लगता है साक़ी

दस्त ए साग़र ओ सुराही और देखना मुझे बार बार
साफ़ ज़ाहिर है तुझे हो गया पयार लगता है साक़ी

जिस रोज़ तेरा न हाज़िर होना शराब ख़ाने में
गुले गुलज़ार भी जाने कयों सेहरा लगता है साक़ी

तबस्सुम ग़ायब है कुछ ग़मगीन लगती हो आज
किसी अनजान मुसीबत ने घेरा लगता है साक़ी

दरो दीवारों मे घर की अपने अक्स तेरे दिखते है
कल तलक जो मेरा था आज तेरा लगता है साक़ी

हलफ़ दिलाई थी न दाख़िल होने की मयकदे में
हाज़िरी फिर भी 'रश्क', रिशता गहरा लगता है साक़ी

दिक़्क़तें दौलत न हुइ कभी, बेवफ़ाइयां न सहीं,
फिर भी मैं परेशान हूँ
धोखे न यारों ने दिए, न प्यार मैं ठोकर खाई है,
फिर भी मैं परेशान हूँ
मस्त बहारों मैं जी भर के जिया, नज़रों ने नज़ारे देखे,
फिर भी मैं परेशान हूँ
मुश्किलें आसां हुइ खुदबखुद, हर इमतहां मैं अबवल निकला,
फिर भी मैं परेशान हूँ
उलझनें तो आती रही ताजिंदगी, सुलझी अपने आप,
फिर भी मैं परेशान हूँ
जब भी दिल चाहा सुरते दिलदार किया, मोहब्बतें इज़हार क्या,
फिर भी मैं परेशान हूँ
खुशियाँ बरसती रही ताउमर मुझ पर, ख़ुदा की रहमत है,
फिर भी मैं परेशान हूँ
रफीकों ने खुशियाँ बरसाइँ, ख़ुद रक़ीबों ने ख़िदमत की है,
फिर भी मैं परेशान हूँ
जो चाहा उसे पाया, जो पाया उसे कभी खोने न दिया,
फिर भी मैं परेशान हूँ
तमाम नहमते जहाँ की पास होते,
अकसर परेशानइये सबब ढुंडता रहता हुँ दरबदर
हर चीज़ को कलेजे से लगाए रखा,
न साझा किया किसी से,
अब जब हलत इज़ाफ़ी[1] से किनारा क्या है 'रश्क'
सीखा है जब से हमसायों को शरीके जिंदगी करना,
न तो परेशान हूँ न पशेमान हूँ
पर हाँ रहमते खुदाई से जरुर हैरान हूँ

हलत इज़ाफ़ी = मालिकाना

आज रात चाँद पूरा चमकते देखा
साफ उसमें दाग़ भी सिसकते देखा

चौदहवीं पार कर आया है फ़लक में
ख़ूबसूरती पर उसको इतराते देखा

तारीफ़ कया की ख़ूबसूरत हुस्न की
रुख़सार से सयाह तिल छुपाते देखा

शराब कया कम रह गई मयख़ाने में
साक़ी को शराब आब मिलाते देखा

घंटों लगे तेरा नाम रेत पे लिखने को
इक झोंके हवा को उसे मिटाते देखा

संगदिली कहूँ या मासूमियत उनकी
अपनो पर तीर ए नजर चलाते देखा

शैख़ आज कया गुज़रे सामने मयकदे से
बिना वज़ू नमाज़ ए अदा कराते देखा

तंगदिली ऐसी देखी बाग़बान की 'रश्क'
तितलियों को गुले चमन से उड़ाते देखा

तुम मुझसे फिर मोहब्बत की बात करते हो
नादान हो फिर हमाकत की बात करते हो

जिसे छोड़े भूले हुए गुज़र चुका है ज़माना
उन्हीं रिश्तों से शुरुआत की बात करते हो

दर्द ओ ज़ख़्म दिए जुल्मो सितम ढाये जिसने
उन्हीं लोगों से मुलाक़ात की बात करते हो

गज़ भर की दूरी नहीं है जरा बाँहें फैलाओ
मुक़ाम सामने मुश्किलात की बात करते हो

छोड़ मयकदे का दर चल दूँ जाहिद की डगर
कैसे रिंद हो ऐसे ख़यालात की बात करते हो

ये सागर–ए–जाम तेरा है या ये पैमाना मेरा
मयख़ाने में ऐसे सवालात की बात करते हो

बाक़ी न कुछ भी रहने देगें ये जमाने वाले
तंगदिलो से तुम इनायात की बात करते हो

ठोकरें खाई ज़माने की जिनके लिये उम्र भर
सामने उनके मेरे हालात की बात करते हो

कोई गुनाह तो नहीं वसल ए यार करना 'रश्क'
ये चाहत है कयों हवालात की बात करते हो

मुझे दिल की बात कहने क्यूँ नहीं देते
लबों से अरमान बहने क्यूँ नहीं देते

सितम हर मैंने ख़ामोश रह कर सहा
उसी ख़ामोशी से मरने क्यूँ नहीं देते

कह दो वो फ़रेब था और फरेबी हो तुम
ख़ताए उलफ़त पर तड़पने क्यूँ नहीं देते

शरीके ज़िंदगी, शरीके ख़ुशियाँ भी हैं हम
फिर ग़म से ग़म बाँटने क्यूँ नहीं देते

भूल ज़माने के उलाहनों को बेवजह है वो
फ़ितरत है उनकी वही रहने क्यूँ नहीं देते

खेल थी मेरी मोहब्बत तेरी ख़ातिर सनम
मुझ को इस उल्फ़त मे जीने क्यूँ नहीं देते

बहारें हैं और फिज़ाँ भी है ख़ुशगवार 'रश्क'
गुलशन में औरों को खिलने क्यूँ नहीं देते

तसव्वुर ही किया था दिलदार का
क़दम बेसाख़्ता कूए यार ले चले

दुख़ी हुआ देख कर दर ओ बाम
कयों मुझे वो वहाँ बेकार ले चले

ज़िद थी उनकी न आयेंगे मिलने
वस्ल को क्यों गमगुसार ले चले

मोहब्बत का सिला नफ़रत से दिया
ताज़ीयत पर भी दस्ते खार ले चले

बामुशकिल आई थी रौनक़े गुलशन
रूख़सती मे साथ चमने बहार ले चले

रिश्ता मयकदे से मेरा जानते थे सब
जनाज़े को सामने से गुज़ार ले चले

तबीयत जब घबराते देखी अकेले में
दीदारे यार कराने मुझे यार ले चले

जिन शहरों से रिश्ता तोड़ आया 'रशक'
दफ़नाने वहीं उसे आख़रिकार ले चले

चेहरे पे ये गिराई देखी नहीं जाती है
मुझसे तेरी तन्हाई देखी नहीं जाती है

सबब तो बतायो मुझे उदासी का
तेरी ये रूसवाई देखी नहीं जाती है

सलीक़ा तेरा पिलाने का खूब है साक़ी
सूफ़ियों से ये अच्छाई देखी नहीं जाती है

हर आरजू को मेरी दरकिनार करना
तिरी मुझसे ये बुराई देखी नहीं जाती है

क्या हासिल होगा यूँ अकेला तड़पने से
मुझसे तिरी ये जुदाई देखी नहीं जाती है

ज़ाहिर न की अपनी चाहत तुम पर कभी
कशिश ए दिल और अब छुपाई नहीं जाती है

आँखों का दो चार होना कुछ कहता है
अनजानों से नजरें मिलाई नहीं जाती है

चले भी आयो बेफ़िक्र होकर पास मेरे
जिंदगी अकले अब बिताई नहीं जाती है

कब तक गुज़ारोगे वकत सितमगरो में
ग़ैरों संग ज़िंदगी निभाई नहीं जाती है

माना हो जाती है मोहब्बत पहली नज़र में
उम्र बीत जाती है कभी इज़हार करते करते

दिल की धड़कने रवानगी ख़ुँ की कहती है
उम्र बीते बस तुम्हें यूं प्यार करते करते

हाज़िर रहा हमेशा जब भी जहाँ बुलाया है
रात गुजरी चाहे तेरा इन्तज़ार करते करते

कहती हो प्यार है कोइ शरत भी नहीं है
कितनी जानें लोगी ये क़रार करते करते

दहकता दरिया या महकता चमन खुदा जाने
रख दिया क़दम मोहब्बते दहर में डरते डरते

दुखी है 'रश्क' तेरी बेवफ़ाईयों से जफायों से
मरा तेरा आशिक जुल्म बेशुमार सहते सहते

लम्हे कुछ बचे हैं सोचा सलाम आख़िरी करता चलूँ
जगह दी थी रहने को आराम आख़िरी करता चलूँ

मयकदे में जहाँ उमर बिताई हर रंजो ग़म भूल कर
रिंदों संग टकरा के ख़ाली जाम आख़िरी करता चलूँ

शाम ओ सहर किया जहाँ इंतिज़ार वसल ए यार का
उसी मुक़ाम पर बैठ कर शाम आख़िरी करता चलूँ

नज़रें न मिलाई तुमसे कभी फिर भी बदनाम किया
ख़्वाहिश पूरी करने तेरी कलाम आख़िरी करता चलूँ

गुज़ारी उमर तन्हा, सैकड़ों आज हैं पीछे जनाज़े के
जले चिराग़ मज़ार पर इंतिज़ाम आख़िरी करता चलूँ

आशियाना सजाया तेरे आने की खुशी में रहा वीरान
बतौर–ए–याद वहाँ ठहर कयाम आख़िरी करता चलूँ

इलज़ाम लगाये मुझ पर मुंसिफ साथ मिल कर 'रश्क'
झूठे फ़ैसले पर क्यों नई तिमाम आख़िरी करता चलूँ

1. मुंसिफ = जज 2. कलाम = बातचीत

अच्छी लगती है शराब बता मैं क्या करूँ
ख़ूब चढ़ती है शराब बता मैं क्या करूँ

मैं तेरे काबिल नहीं शायद लगता है तुम्हें
ग़लत फ़हमी दूर कैसे करूँ और क्या करूँ

मुंतज़िर रहा हूँ तेरे इक इशारे का मुद्दत से
खूने जिगर दिखाऊँ या कुछ और नया करूँ

आख़िरी दुआ थी तुम मेरी कुबूल ए खुदा हुई
नादान इससे ज़ियादा बता और मैं क्या करूँ

वादा करके न आना तेरा ओ वादा शिकन
शिकवा शिकायत न करूँ तो बता क्या करूँ

भरी धूप में डाले थे सूखने अरमान ए दिल
बिन बादल बरसात हो जाये तो क्या करूँ

उम्मीदें लगाई जिस लखते जिगर पर 'रश्क'
रंगे लहू उसी का बदल जाये तो क्या करूँ

दो क़दम साथ तो चला जाये
आयो ज़माने को बदला जाये

रुकावटें सफर में आयेगीं ही
सँभल सँभल कर चला जाये

बहरुपिये सियासत मे आयें हैं
नक़ाब उनका ज़रुर खोला जाये

लगाये पहरे हमारी आज़ादी पर
मुख़ालफ़त मे ज़रुर बोला जाये

अदम मसावत या मज़हबी फ़र्क़
हो कभी वतन मे ये भूला जाये

अफ़वाहें फैला करते हैं राज वो
नापाक इरादों को मसला जाये

न शिकवा हो न गिला किसी से
दोसत बन इकदुजे से मिला जाये

बदले न बदलेंगे जानता है 'रश्क'
कट्टरों के इरादों से सँभला जाये

जिंदगी अब कुछ परेशाँ सी लगती है
हर शय यहाँ कुछ हैराँ सी लगती है

रौनक़े खुशहाली थी क़दम क़दम पर
बसती आज वो वीराँ सी लगती है

बागबाँ न गुल न शजर न कोई परिंदा
हालत ये लुटे गुलिस्ताँ सी लगती है

माहौले बदअमनी बनाया है जिन्होंने
खुदाई भी उनपर मेहरबाँ सी लगती है

न रोक टोक है कोई खुले फिरते हैं वो
सल्तनत उनकी निगहबाँ सी लगती है

क़ासिद ने ख़त कहीं और पहुँचा दिया
तभी उनकी हालत पशेमाँ सी लगती है

कितने ग़मज़दों को खुशी बाँटी है 'रश्क'
शख़्सियत मिसाले क़द्रदाँ सी लगती है

क़ासिद = डाकिया

इधर उधर न भटक अपनी मंजिल पे नजर रख
गुमराह मत होना सिरफ नक़्शे की ख़बर रख

कयों पैशानी पर हैं तेरे ये घबराहट की निशानी
माझी को भूल तु मुसतकबिल की फिकर रख

मंज़िले मक़सूद नज़दीक सामने है जन्नत तेरे
आबे हयात की सोच किनारे से दूर ज़हर रख

कहीं भी पहुँचो जहाँ पहुँचों पर ये याद रखना
वसले यार हो न जब तक बचाके उमर रख

तेरे नक़्श ए क़दम पे चला हुँ नज़दीक हुँ तेरे
शब ए गम गुज़र गई थोडा सा और सबर रख

हर रोज देखता हुँ आफ़ताब को उगते ढुबते हुये
पहुँचेगी रौशनी कूचे मे ज़रूर नज़र में सहर रख

सियासते फ़िरक़ापरस्ती आवाम कया जाने 'रश्क'
अपनो को अपनो से बचा कर अपना शहर रख

1. माझी = बीता कल 2. मुसतकबिल = भविष्य
3. आफ़ताब = सूर्य

तस्वीर देख कर तेरी मिलने की चाहत होती है
मुकममल यक़ीन है तेरी भी वही हालत होती है

जानते हैं कया कया न हम करतें है उनके लिये
फिर भी कुछ कमी निकालने की आदत होती है

गुज़ारा वकत वस्ल–ए–यार से पहले सँवरने में
कमी खुद मै है पर आरसी से शिकायत होती है

ग़मज़दा है, लुटे आशिक हैं, ज़माने ने ठोकरें दी हैं
तेरे मयकदे की क़दमबोसी[1] करते ही राहत होती है

खुद तो शैख़ साहब कुछ भी करें कभी भी जैसा करें
इजाज़त ए जाहिद हम गर चाहें तो शामत होती है

खुद कितना जितना भी इंतिजार करायें वाजिब है
गर थोडी सी देर हमें हो जाये तो क़यामत होती है

रोजे ईद भी न सलाम करता 'रश्क' किसी हसीन को
सिर्फ़ हर तरफ तू ही नजर आये यही चाहत होती है

क़दमबोसी = चरण स्पर्श करना

जो सब कहते है अकसर उसे हक़ीक़त नहीं कहते
झूठ गर हावी भी हो जाये उसे तो शिकस्त नहीं कहते

कुछ लोग जो लगे हैं बादस्तूर तारीखें बदलने को
बुरा वो सरेआम कहें तो उसे फ़ज़ीहत नहीं कहते

अकसरीयत अक़ल्लियत में हकूमत जहाँ फ़र्क़ माने
ख़िलाफ़ती अंदाज़ को वहाँ बग़ावत नहीं कहते

मुंसिफ मुहाफ़िज़ सहाफ़ी ख़ौफज़दा हो जहाँ
जमहूरियत में उसे अच्छे हालात नहीं कहते

आशुफ़ता कोई दर पर आ जाये इमदाद वास्ते
जमात–ए–आसूदा उसे कभी आफ़त नहीं कहते

जो हकूक ए हिस्से के लिये मुंसिफों ने ठुकराई है
कौन कहता है उसे शरीयत में औरत नहीं कहते

वादा न किया हो, मिलते ही बिछड जाये आँखें
ऐसे मंजर को आशिकी मे हिमाक़त नहीं कहते

छीन के मेरा ही गर मुझे वापिस कर दिया
नज़र ए खुदाई में उसे कभी शराफ़त नहीं कहते

1. मुंसिफ = जज 2. मुहाफ़िज़ = पदाधिकारी (अफसर)
3. सहाफ़ी = पत्रकार 4. आशुफ़ता = जरूरतमंद
5. आसूदा = दानी 6. हिमाक़त = मूर्खता बेवकूफ

खवातीनों को परखने में जल्दबाज़ी अचछी नहीं
हंस के देखने को हमेशा इज़हारे उल्फ़त नहीं कहते

यह तेरे महल दो महले, नौकर, ऐश ओ आराम
नतीजा–ए–मशक्कत है इसे क़िस्मत नहीं कहते

दिल धड़का, लब लरज़े नज़रों ने इशारे किये
यह अंदाज़–ए–गुफ़्तगू है इसे शरारत नहीं कहते

आये और यकदम चले गये नसीहत हिदायत देकर
जाँ–ब–लब आशिक इसे कभी अदायत नहीं कहते

निशाने इंसाफ़ की आँखों पर न बंधी हो पट्टी जहाँ
आकिल आदिल उस इमारत को अदालत नहीं कहते

तकल्लुफ़ ओर इख़लास में काफ़ी फ़र्क़ है समझो
मामूल तआरुफ़ ए मुलाक़ात को मोहब्बत नहीं कहते

कुछ तो दस्तूरे रिवायतें होती हैं मोहब्बत में, 'रश्क'
पतंगों के शमा में फ़ना होने को वहशत नहीं कहते

1. खवातीनों = औरत 2. जाँ–ब–लब़ = मरने वाला

उम्र पे ढलान है अब क्या गीत गायेंगें
घर से मस्जिद सिर्फ़ आयेंगे जायेंगें

जिन गली कूचों में घूमे फिरे हमेशा
अब दहलीज़ से देख, दिल बहलायेंगें

जहाँ अठखेलियाँ की, ऊँच कूद की
किसी को बोल गली पार करवायेंगें

जिस आशियाँ में रहते थे बेझिझक
इक छोटी–सी धमक से सहम जायेंगें

बाँटी नकदियां जिन्हें सोचे समझे बग़ैर
उनसे बतौर ज़रूरत हाथ हम फैलायेंगें

जहन में रखी थी सैकड़ों कहानियाँ
नहीं आता कोई, किसे हम सुनायेंगें

डर है, न आने देते बच्चों को नज़दीक
कहते हैं, दकियानूसी बाते सिखायेंगें

अभी तो ज़िंदा हैं, साथ है, हमसफर
न रहा तो हम जीते–जी मर जायेंगें

बात ये नहीं कौन जायेगा पहले ऊपर
अकेला कैसे वकत, अपना बितायेंगें

निगहेबानी घर फ़र्ज़ है, कोई कुछ कहे
कया करे दस्तूर–ए–जहाँ हम निभायेगें

इतना तो भरोसा है खुद पर खुदाया
खुद को किसी का मोहताज न बनायेंगें

जन्नत कहते थे जिस ज़मीं को,
लहराती हरी वादियाँ जहाँ क़दम क़दम पर
ढके सफ़ेद चादर से रहते जिसके कोहे गराँ[1] हर वकत
खुशहाली आपसी भाईचारा बहता था दरिया ए चनाब मे सदियों से
उजाड़ कर मुकम्मल माहौल चन्द ही महीनों में
कहते हो कि आओ अब हम दूर तक चले

न कोई बात, न कोई गुफ़्तुगू, न मशवरा, न ख़तों किताबत की
झोंक दिये जंगी सामाँ हर गली हर मोहल्ले, हर कुचे में,
कहीं गोलियों से ज़ख़्मी किया, कही हथगोलो ने बारुद बरसाया है
न जाने कितने घायल हुऐ, कितनों ने जाँ गँवाई है, शहादत पाई है
शहीद हूआ सिर्फ़ हिन्दोस्तानी, चाहे फ़ौजी या कश्मीरी
हुकूमत कहती है यह साज़िश ए सियासत है हमसायों की
सब भूलो क़त्लो ग़ैरत को, आयो अब हम दूर तक चले

ये आँधी ये तुफान ये जो कोहराम बरपा है वादियों में
भूल किसकी भी हो भूल जायो,
सबब–ए–हालात को समझो सियासतदारों
ये जज़्बाती शोले हैं खुद दामन की हवा से भड़काया है जिन्हें
न बूझेगें आब ए बरसात से, न लहू की धार से
बुदें शब़नम छोड़ दहकते अंगारों से इसे बुझाने चले,
नादान हो, कहते हो कि आयो अब हम दूर तक चले

कोहे गराँ = ऊँचे पर्वत

प्यालों में अपने जहर लिये फिरते हो
खुद को खुद से नसीहत दिये फिरते हो

पैग़ाम ए मौहबबत देता है हर मज़हब
कयों जहन में नफ़रत लिये फिरते हो

जो न मुमकिन है न वाजिब किसी तरह से
कयों ऐसी दिल में हसरत लिये फिरते हो

मजबूर महकूम को न बचाये जुलमात से
कयों ऐसी बेकार हिममत लिये फिरते हो

खौफ तो देखो सल्तनत होंठ सिये बैठी हैं
जैसे वो हाथों मे कयामत लिये फिरते हो

गंगो जमुना की तहज़ीब आज भी ज़िंदा है
जाने तुम कौन सी इबारत लिये फिरते हो

क़त्लो ग़ैरत के किससे यहाँ वहाँ सुनते हैं
दहशतगर्दो किसकी इजाज़त लिये फिरते हो

खुदा के बंदें हैं सब जो इस जहाँ में बसते हैं
जुल्म उन पर कैसी सियासत लिये फिरते हो

खुदा एक खुदाई एक बंदे भी एक हैं 'रश्क'
कौन सी ज़ियारतो इबादत लिये फिरते हो

मुझे ख़रीदने वाले जल्द ले चल यहाँ से
और निचोड़ने आ जायेगा जल्द निकल यहाँ से

क्यों बोली लगा दी इस बदनसीब की तुमने
मुड़ के मत देखना ये मंज़र जरा सँभल यहाँ से

ख़रीदो फ़रोख़्त ही धंधा है यहाँ गिद्धों दरिंदों का
ज़िंदा लाशों पर चलता है उनका पल पल यहाँ से

शर्मो हया छीन ली सरे बाज़ार सज़ा दिया
ठहर जरा ले चलूँ माँ का दिया आँचल यहाँ से

मुझे यूँ चाहने वाले, मेरे दिल जीतने वाले
दूर कितना है अभी सपनों का महल यहाँ से

फ़रमाइश गुज़ारिश ख़्वाहिश ही है बसती में
जाने कितने अरमानों के हुए हैं क़त्ल यहाँ से

मुंतिज़र हैं यहाँ बेबस उड़ने परिंदों की तरह 'रश्क'
नज़ीर बन मैं निकलूँ जमाने मे पहल यहाँ से

आज फिर फ़िरक़ापरस्तों ने अपनी हिमाकत दिखाई है कहीं
वरना दरिया का रंग सुर्ख़ यूँ ही नहीं होता

न जाने कितने बेसहारा मुफ़लिसों का शिकार हुआ है
कितनी सुहागनों को बेवा और मासूम बचपनों को अनाथ किया है

कितनो के घर फुकें, न जाने कितनो को ज़िन्दा जलाया है
कितनो की इज़्ज़त लुटी, न जाने कितनी कोखों पर
बेदरदी से ख़नजर चलाया है

कहीं आग की चपेटों में शहर,
लहु लुहान दरो दीवार उपर से गरम हवायें
हर तरफ़ रोते बिलखते बच्चों और माँ बहनों
भाइयों की चीख़ों पुकार का आलम है

इनसानियत का खुँ, गंगो जमुना तहज़ीब को
तबाहो बर्बाद किया दरिन्दरों ने
कुछ तो हुआ है आज जो आसमान, आफ़ताब,
महताब, सितारे भी गमगीन है

वरना दरिया का रंग सुरख यूँ ही नहीं होता

गंगा यमुना झेलम जब अपना किनारा खो देगी तो क्या होगा
हर तरफ़ जब बदअमनी हावी हो जायेगी तो क्या होगा

कितना और खेलोगे तुम मौसम ए बहार से
कोहे गरां से पिघलती बर्फ़ गर ज़हर हो जायेगी तो क्या होगा

जिन दरख़्तों के साये में बितायी है उम्र अपनी
गर हरियाली शजर ए चमन की खो जायेगी तो क्या होगा

सावन का पहली बरसात में मौज मनाना दोस्तों संग
वही आब ए बरसात तब्दील ए तेज़ाब हो जायेगी तो क्या होगा

सकून ए ज़हन से जो रातें हमने बिताई हैं महताब ए ठंडक में
गर्म हवायें जब आसमाँ से वक़्त ए शब चलेगी तो क्या होगा

अभी तो खेल रहा फ़िजायों से ख़िजायों से हर शख़्स
आदतन इसी मिज़ाज से गर इनसानियत बदलेगी तो क्या होगा

नाज है जिन रिश्ता–ए–तआरुफ़ तअल्लुक़ात पर ज़िंदगी को
मौजूदा हालात में ये दौलत खुदगर्ज़ी में बदलेगी तो क्या होगा

गुरब़त = गरीबी

जाने क्यों टाल रहा है हर कोई जैसे वो हिस्सा ए शहर नहीं
आज नही तो कल आग उसके आशियाने तक पहुँचेगी तो कया होगा

झूठी हुरमत के क़िस्से सुनाते हो महफ़िलें में शानों शौक़त से
सच्चाई गुरबत की जग ज़ाहिर जब होगी तो कया होगा

वक़्त है ज़रा ठहर जाओ सँभल जायो ऐ अहल ए जहाँ
नज़र कल गर ख़ुदा की 'रश्क' बदलेगी तो हाल कया होगा

पेशतर इसके की कोइ फरमान सियासी आये
अपने अरमानों को कहने दो जज़्बातों को बहने दो

वतन के दोस्त हो तो निकलो घरों से बाहर
जो डरते हें उन्हें घरों के अन्दर ही रहने दो

समझ आयेगा खेल तुम्हें फ़िरक़ा–परस्तों का ज़रा ठहरो
शक गर है तो देख लो कुछ देर उन्हें और चलने दो

मज़हबी खेमों मे बाँटना दूजो को नीचा दिखाना
बस यही इनकी सियासत है मुझे बझिझक कहने दो

किस मुँह से ख़िलाफ़त करेगें दंगों की दंगाईयों की
लब सी रखे हैं चुप है इन्हें चुप ही रहने दो

मुल्क पर मर मिटने वालों को ऐसा वैसा बताते हो
बदलो हल्की सोच हम जैसे हैं हमें वैसा ही रहने दो

बहुत शिद्दत से बनाई है अमनो चैन की ये नगरी
ख़ुदग़र्ज़ी में इस इमारत को न ढहने दो न ढहने दो

कमी है बस इतनी तुम्हारी ख़ामियाँ बताते हैं
न रोको हमें ज़बरन ज़माने को भी सुनने दो

लादीनियत, अक़लियत हक़ीक़त है मेरे वतन की
तुम अपनी कहो रोको मत उनको भी कहने दो कहने दो

लादीनियत = धर्म निरपेक्षता

ग़म ए उलफ़त का मारा हूँ गम ए दौराँ का नहीं
इक नज़र जी भर के देखोगे जी जाऊँगा

ज़माने के उलाहनों से टूट चुका हुँ इतना
इक तेज़ हवा के झोंके से बिखर जाऊँगा

लहर–ए–समुंदर से राबता हो गई ज़िन्दगी
अब तो जहाँ वो ले जायेगी वहाँ जाऊँगा

पाक बावजूद ए कोशिश गर मिलना दुशवार है
दर से अरमान–ए–विसाल लिये लौट जाऊँगा

दिवानगी में तेरी इस तरह दिवाना हुआ है 'रश्क'
वस्ल–ए–यार के लिये हर हद से गुज़र जाऊँगा

रौशन हुये रास्ते मंज़िले दिखने लगीं
कौन गुज़रा है देखें अभी अभी सामने से

सँवरा करते थे वो देख कर मेरी आँखों में
जाने कया बातें करते हैं अब अकेले आईने से

कोशिशें लाख करी तेरी जफ़ायों ने संग रहने न दिया
हासिल कया होगा बेवफ़ा अब गुज़रे किस्से सुनाने से

बाइज़्ज़त बिठाती पिलाती थी आँखों से पैमाने से
मुफ़लिसी मे अब बाहर न कर इस तरह मयख़ाने से

करना चाहा तो करने न दिया, किया तो जीने न दिया
तुम ही बतायो 'रश्क' क्या उम्मीद रखे इस ज़माने से

बेरंग ज़िन्दगी मे मेरी रंग भरने वाले
कहाँ कहूँ शुक्रिया वो जगह तो बता दे

झूम झूम के मस्त नज़रों से पिलाने वाले
कब तलक तेरी महफ़िल जवाँ है बता दे

तेरा संग तेरी महक सुहाती है मुझे हमेशा
साथ कब तक कहाँ तक चलेगी बता दे

माना मैंने तुमको समझने में ज़रा खता की
बस इतनी सी खता की एसी तो न सज़ा दे

बाद मुद्दत रक़ीबी के बुझने को हें ये शोले
इल्तिजा है ऐसे में इनको तू और न हवा दे

छोड़ क़ायदे साक़ी अभी सागर में मय बाक़ी
छोड़ मयख़ाना तोड़ पैमाना ओक में पिला दे

नशेमन तो बना लूँ, मैं तेरे आशियाँ के सामने
आओगी रोज़ पास मेरे यह यक़ीन तो दिला दे

जहाँ की ठोकरें खाकर तलाशे सुकून में 'रश्क'
दरे मस्जिद पहुँचा हूँ जाहिद, ख़ुदा से मिला दे

नशेमन = घर

बाद मिल कर तुझे, मुझे ये मालुम हुआ
दो ज़िस्म और इक जाँ के माने क्या है

क्यों झरने दरियाँओं से, दरिया समंदर से
गुल बहारों से, सहरा फुहारों से

चाँद चकोर से, रात सितारों से
ज़िन्दगी सहारों से, प्यार इकरारों से

मिल कर रंग लातें हैं, इतराते हैं
जवाब इसका मुझे न मिलता शायद 'रश्क'

ज़ुल्फ़ों के साये में गर तुमने, गर्म आग़ोश न दिया होता

आग़ोश = आलिंगन

वो जिस को कहते हैं सारे ज़मीन की जन्नत
वो जिस ज़मीन पे बर्फ़ीली चादरें हैं बिछी

जहाँ के मौसम–ए–रंगीं का है न कोई जवाब
जहाँ के रंग में डूबी है इक इरम रंगीं

जहाँ की चाँदनी, सूरज पे भी पड़े भारी
जहाँ का नूर है सारी रियास्तों का अमीं

वो ख़्वाब जिस को मुकम्मल हसीन कहते हों
वो दीद जो कि नज़र के लिए सुकून बने

इसी ख़्याल को सब हुस्न–गीर कहते हैं
वो जिस के पानी को हम लोग शीर कहते हैं

इसे ही सब जन्नत, इसे ही कश्मीर कहते हैं

1. मुक्कमल = पूरा 2. इरम = स्वर्ग का ब़गीचा
3. शीर = दूध 4. अमीं = सुदंर, प्यार

जब भी देखा है तुझे पैरों मे ही देखा है, मेरी परछाई
हक़ीक़त तेरी मुझे अंधेरों मे समझ आई, मेरी परछाई

खुशी के उजालों मे हमेशा लिपटे देखा है अपने से
ग़म की स्याह रातों में दिखी तेरी बेवफ़ाई, मेरी परछाईं

मेरे साथ चलती है ठहरती है भागती है शामो सहर
करती वही है जो मैं करता हूँ बिना जज़्बातों के, मेरी परछाईं

भ्रम मे रखती है मुझे महसूस अकेला नही होने देती
जमाने की नज़र में हमसाया पर रोज शब होती पराई,
मेरी परछाई

बिछड़ना दिन में चाहा तो अलग न हुई
रात बनावटी रौशनी मे भी नज़र आई, मेरी परछाईं

न दिल बहलाती है न कुछ बातें करती है
न हँसती है न रोती है अपने में ही है मशरूफ,
मेरी परछाईं

मायने कया ऐसे साथी के जो बाँटे न रंजो गम, और खुशियाँ
न साझा करे जज़्बातों को न पुछे आंखो के आँसू
अच्छी है इससे तो मेरी तन्हाई, मेरी परछाईं, मेरी परछाई

क से किताब, ग से गमला, द से दोस्ती पढ़ी है मैंने,
फिर क्यों क से कमी, ग से गंदगी, द से दुश्मनी सिखाते हो

मेरे देश के हुकमरानों क्यों बच्चों में ज़हर फैलाते हो
अच्छा सोच का परिचय देकर, क्यों न भारत का भविष्य बनाते हो

संकीर्ण सोच को लेकर कयों भारत को निम्न दिखाते हो
आओ सब मिल–जुल कर भारत का नवनिरमाण करें

जहाँ सब रहें मिलजुल कर ऐसा हम कोई काम करे

ये वो मधुमक्खी है जो काटती नहीं चूमती है
मुस्कुराती हुई आँगन में चारों तरफ़ घूमती है

खुशहाली कुनबे में बरसे हर वक़्त दुआयें करती
यह वो ख़ुदाई खजाना है जिसे हर शय ढूडंती है

गर देर सवेर घरवाले पहुँचे घर कही काम कर के
निहसकोंच पयार से चूल्हा जला आग में फूँकती है

कभी दुख दर्द न आये घर मे हमेशा कामना करती
रौशनी देती है घर में अंधेरों को हर पल समेटती है

नादान हैं जो समझें कमज़ोर इस शक्ति को
विशाल आकाश जैसी और बोझ उठाती धरती है

कभी आँच आ जाये या मुसीबत में हो परिवार
ये वो शक्ति है जो बन दुर्गा समस्यायों से लड़ती है

तो क्यों न नम्न करें हम इसको
जो सदैव हंसता रहे परिवार ये कामना करती है

दो छोटी लकीरों के मेल से, जमा गुणा होती है, रक़म बढ़ जाती है
एक कम हो जाये या बिंदी उपर नीचे आ जाये तो रक़म घट जाती है

आज मैं नौ बरस की हूँ, पाँच छे कम करे तो
पहली सिखाई थी गिनती माँ ने
इशारों मे एक दो करते–करते चार पाँच उठा लेती थी
टाफियाँ प्लेट से

झट से डाँटती मम्मी, न न बेटी सिर्फ़ एक ही खानी है
पहला पाठ हिसाब का मीठी टाफी ने सिखाया था

आज तो जमा गुणा ही अचछा लगता है और
घटा भाग से डर लगता है
कारण चाहे कुछ हो बढ़ना आगे, कुछ ज़ियादा
मिले अचछा लगता है

कुछ घट जाये या आधा अधूरा रह जाये तो बुरा लगता है
यही है हिसाब किताब और मक़सद जीने का,
चाहे ये समझो चाहे वो समझो

इक याद है मेरे छुटपन की
मै खेल रही थी उपवन में

दौड़ती कभी पिछे तितली
कभी लोटती मिट्टी में

संग सहेली, मम्मी भी थी
मामा के संग नानी भी थी

मिल कर इक दूजे के साथ
हाथों मे लेकर इक दूजे का हाथ

मौज मनाते, हँसते गाते
घूम रहे थे बगियन में

यकदम देखा इक तितली आई
बैठ गई वो खिलते फुलन पर

पुछा मैने मममी से झट
कयों आई तितली बगियन में

फिर बैठी कयों वो फुलन पे
मम्मी बोली सुन री छोटी

बात पते की तुमने पूछी
बोलो छोटी कयों आती हो

तुम दौड दौड़ कर मेरे पास
बोली मुनिया तुम प्यारी हो

करती हो मुझसे पयार
यही पयार का बंधन है

जो तुम्हें खींचता मेरी ओर
ऐसा ही बंधन मिलन का खींचे

तितली को फुलन की ओर

जिम्मेदारियाँ ख़ूब निभाई हैं, तभी ये पौधा शजर हुआ है
मिट्टी को हमने सोना किया है, तभी ये सहरा शहर हुआ है

छोड़ गये थे जिस खिले चमन को उजाड़ करके वो
मशक्कत से मेहनत से अब क़ाबिल–ए–रहगुजर हुआ है

क्यों मिलाते हो इसे दुबारा मिट्टी में ओ सियासतदारो
ख़ामियों से आपकी इसका क़त्ल शाम ओ सहर हुआ है

जिंदा है मुल्क आज भी तहजीब–ए–गंगा जमुना से
फिरक़ापरस्ती से ही ये आब–ए–दरिया जहर हुआ है

ऐसा तो नहीं था कभी मिजाज इस वतन का रश्क
जरूर किसी तंगदिल सियासतदार का असर हुआ है

मुझे और न सता, मैं तंग हुँ अपने आप से,
मेरे पास न आ, जा, मैं तंग हुँ अपने आप से।

बेहतर चल रहा था सब कुछ,
बहारें भी अपने थी शबाब पर,
न जाने कोइ कहाँ से आ गया,
ठहरे तालाब के पानी को जैसे किसी ने पत्थर से पुरा हिला दिया,
कुछ ऐसा ही संग मेरे हुआ अचानक, राह चलते चलते किसी हसीना की अदायों की गिरफ्त मे आ गया।

न कुछ समझा न कोई मौक़ा मिला, सिर्फ सुहाना सा अहसास हुआ और देखते ही देखते पहली नजर मैं अजनबी हसीना से प्यार हुआ,
बाद इसके तो सिलसिला ही हो गया ,
रोज रोज मिलने का बुखार सा हो गया ,
कभी बागों मैं मिलना कभी गुलजारो मै,
होटल मैं तो कभी दरिया के किनारों मैं
अक्सर हाथों मैं हाथ होते थे,
होटों पर अफसाने प्यार के होते थे ,
बातें होती थी रोज मुलाक़ातें होती थी ,
सिलसिला जारी रहा, पर कब तलक रहता ,मोहब्बतें मंजिल को अंजाम तक तो पहुँचाना ही था,
आख़िर डर था जिसका वही हो गया ,
तारीख़ ए निकाह से पहले हमारी जात पात का क़िस्सा सरे आम हो गया,
बड़ी मासूमियत से लोग अकलियत की बातें करने लगे,

लादिनियत हक़ीक़त को दरकिनार कर दुनिया भर के अफसानो को सरेबाजार गिनने लगे,
जो कभी नजदीक से भी न गुजरे थे हमारे वो हमे अलग अलग कर बाटने लगे,
कोई मुझे अपना कहता तो कोई उसे अपना,
हम तो दो जिस्म इक जाँ थे, फिरक़ापरस्त हमको भी अपने सगे कह बाटने लगे,
हम तो एक दूजे के थे सगे,
धमकियाँ देकर जमाने वाले डराने लगे,
कुछ इन्सानों ने मिलकर खुदगर्जों को बहुत समझाया,
जिंदगी का खुदाया पूरा फलसफा बताया,
हमारा तो इक बहाना था उनका मक़सद तो सिर्फ समाज मे दहशत फैलाना था,
कुछ ही दिनों में ये बात जंगली आग की तरह फैल गई,
चर्चा ए आम हो गई,
इनसानियत हैवानियत में बहस होने लगी,
बदअमनी और जगह बनाने लगी,
बात ख़ानदानों को छोड समाजों को दहलाने लगी,
जो कल तक चमन थे सेहरा हो गये, हमसाये दुश्मन हो गये दोस्त लहू के प्यासे हो गये,
सैकड़ों लोग कया से कया हो गये हजारों घर से बेघर हो गये,
जो नचा रहे थे दंगाईयों को मुस्कुराते रहे और नये मनसूबों को

अंजाम देते रहे,
अब हम भी डरने लगे माझी में जो किये थे वादे इरादे फिर से इक नजर उन पर गुजारने लगे
हम तो परे थे जात पात के झमेलों से, तमाम सफर ए मोहब्बत तय किया था हमने ईद दिवाली और बैसाखी के मेलों से,
पाक मोहब्बत थी इक दूजे की फिकर थी,
नही चाहते थे जुदा होना मरने तक साथ चलने की एक डगर थी
चुनांचे संगसंग रहने के वादों को निभाने, मुस्तकबिल खूबसूरत बनाने छोड अपनो को दूर जा रहे थे,
इल्म हुआ जब इस बात का दरिंदों को खोजने लगे हमको दरबदर,
पिया हुआ था सबने फिरक़ापरस्ती का जहर,
तभी तो थी उन पर कोई नसीहत बेअसर,
ढुंड रही है हमे दंगाईयों की नजर,
लिये हाथों मे खंजर ,
पता जब चली हमे ये ख़बर और भी हो गये ख़ौफजदा,
माँगते रहे खुदा से सलामती की दुआ जिधर भी नजर घुमाते थे हर तरफ था क़हर,
सबब इसका मोहब्बत थी हमारी या सियासी खेल, खुदा जाने,
हमारी तो जान पर था बनी,
मोहब्बत शायद हक़ीक़त है कभी भी कही भी किसी से हो जाती है,
देन है अल्लाह की आख़िर खोज ही लिया बहशियों ने हमको, डरे से,
सहमे से हाथ पकड़े इकदूजे का माँगने लगे रहमोकरम की भीख,

कहाँ सुनते कया सुनते बुरा बुरा चिल्लाते हुए कर दिया हमको
जबरन अलग, मजहब धर्मों की दुहाई तले,
ले गये मुख़्तलिफ दिशांयों में कोसते हुए
डराते धमकाते पयार को हमारे लव जिहाद कहते हुए
न आकिलो आदिलो के मशवरे,
न हिदायते न सलाहे मानी,
झुठे फरेबी फिरकापरस्तों ने किया वही जो थी पहले से ठानी
बांध दिया इक दरख़्त से लगे बरसाने कोडे, फैकने लगे पत्थर
बेसहारा पर, न कोई आया बचाव मे मेरे न सुनी किसी ने ना मेरी
फरियादे चीखो पुकार,
जुल्म ये जारी रहा उधर ले गये थे जिसे आवारा बदचलन कहते
कहते ठेकेदार समाज के मेरी पाके मोहब्बत को,
कहने लगे दरिंदे तुमने शर्मसार किया,
चुनांचे सब ने सजा मे उस बेनजीर का चीर हरण कर दिया।
तभी तो मैं कहता हूं उन प्यार करने वालो से इन कट्टरवादी सोच
में, फिरक़ापरस्तों के नगरी में, भूल जायो मोहब्बत को, पयार को,
उलफत को और कर लो किनारा यह कह कर कि,

मुझे और न सता मैं तंग हूं अपने आप से,
मेरे पास न आ, दूर जा मैं तंग हूं अपने आप से

ताल्लुक़ ही नहीं फिर ख़्वाबों में आती क्यों हो
मतलब गर नहीं तो हर रोज सताती क्यों हो

राहें न जुदा हैं हमारी, न मंजिले अलग–अलग
सच जमाने से बेवजह फिर छुपाती क्यों हो

फौत हो गया कोई तेरा इन्तजार करते–करते
बाद मरने के उसे आबे हयात पिलाती क्यों हो

फुरसत में भी चेहरे से हिजाब हटाने नहीं देती
हर शाम अकेले संग मेरे फिर बिताती क्यों हो

बुझा देती हो चिराग अपने आगोश में लेकर
रोज हर रात अंधेरों से यूं मुझे डराती क्यों हो

जानता हूँ देखती हो चिलमन उठा उठा कर
रु–ब–रु होने पर फिर यूँ नजरें चुराती क्यों हो

कहती फिरती हो रश्क से कोई मतलब नही
बार–बार संवर के फिर सामने आती क्यों हो

आबे हयात = अमृत

मुझे गेहूं से सिर्फ घुन निकालने है
टूटे साजों से मधुर धुन निकालने है

अभी तराशने हैं हमें जहन इनके
जहन से इनके सुख़न निकालने हैं

कोई ताल्लुक़ भी नहीं न लेना देना
लड़ते हैं फिजूल चुभन निकालने हैं

मंदिर मस्जिद के झगड़ों में लगे हैं
लबों से कबीर के भजन निकालने हैं

सब मुमकिन है राम की धरती पर
यहीं से जुम्मन औ किशन निकालने है

मेल जोल पहले भी था अब भी है
कुछ के माथों से शिकन निकालने है

खुशहाली बरसे हर तरफ जन्नत जैसी
आब ए जमजम गंगो जमुन निकालने हैं

शब–ए–हिज्र का जिक्र न कर शब–ए–वसाल की बात कर
वो ख़्वाब था उसे भुल जा, अब सूरत–ए–हाल की बात कर

तेरा कया मुकाबला चाँद से वो फलक में है बहुत दूर है
तू खुद हूर–ए–कमाल है तू अपने जमाल की बात कर

क्या रंजिशें थी क्यों हुए जुदा न छेड़ ऐसे क़िस्सों को
वक्त न तू बर्बाद कर सिर्फ माहौल धमाल की बात कर

निभाओगे रिशते उम्र भर, कया रहोगे हमेशा बगल में
यक़ीन कर प्यार पर सिरफ ऐसे सवाल की बात कर

तिशनगी ए विलास पूरी हुई आगोश में तेरे जहाँ मिला
शुक्र है खुदा का तू सिरफ ऐसे ही कमाल की बात कर

अपना बना कर लुटा है दोस्तों ने नासेह ने जमाने ने हमें
याद कर जुल्मों सितम किसी नमक हलाल की बात कर

तु मुझमें और मैं तुझमें समा जाऊँ तमाम उम्र के लिये
इक जिस्म–ओ–जाँ हो जाये हम ऐसे ख़्याल की बात कर

चशम–ए–बद से उजड़ गया आशियां पुरजोर फिजांओं में
चमन में लौटें बहारें फिर 'रश्क' ऐसे हुलाल की बात कर

1. शब–ए–हिग्र = विदाई की रात, 2. वसाल = मिलन
3. फलक = आकाश

हर तरफ मुफलिसों की ,महकूमो की जरुरतमंदो की भीड़ सी कयों है,
हर तरफ मौत जिंदगी पर हावी कयों है,
कयों सरमायेदारों से ख़ौफजदा हैं महनतकश मजदूर,
सियासतदारों से ये सल्तनत इतनी डरती कयों है,
हर कोई दुसरे से बेवजह आगे निकलने की हौड मे कयों है,
आओ सबब इसका ढूंडा जाये,
आओ इस सूरत ए हाल से सभंला जाए

हर रोज रिसालों मै जिस सफे पर नजर पड़ती है ,
क़त्लों गैरत के क़िस्से हैं,
किसी कमसिन की असमत लुटी ,
किसी बूढे की लाश बंद कमरों मे पड़ी सड़ती है ,
कोई बेवा अपनो के इंतजार में तड़पती है ,
लालच मे इकदूजे के लहूके प्यासे हैं भाई बहन ,
हर तरफ आलम ए बदअमनी कयों है,
आओ सबब इसका ढूंडा जाये ,
आओ इस माहौल को बदला जाये

आसमां मे नही दिखते है बादल आजकल ,
प्यासी रहती है सालों साल ये हमारी धरती ,
हवा नही अब ये जहर का अम्बार है ,
कौह ए गरां मे भी न जमती है बरफ अब तो ,
दहक रही है ये जमीं आग के गोले की तरह ,
दरियाओं मे पानी अब ख़त्म सा ही लगता कयों है ,
आओ सबब इसका ढुंडा जाये ,
आओ इस आब ओ हवा को बदला जाये

ख़्वाबों में तुझे देखना गर गुनाह है तो मुझे इल्जाम दे
शोख़ियाँ शामिल हैं तेरी गर शराब में तो मुझे जाम दे

आना उसका तय है तो कासिद जल्द मुझे पैगाम दे
बंध जायें रिशते मे हमेशा के लिये वो मुझे शाम दे

चिलमन उठा कर देखना तोड रसमो रिवाजों को
आगाज ए मोहब्बत जब किया है तो अंजाम दे

पता स्याही–ए–मोहब्बत से जो ख़त पर लिखा देखा
हंसते हुए झट से नामावर ने कहा मुझसे इनाम दे

बेअदबी, बेरुख़ी, बेवफाई ने बदनाम किया है शहर में
अपने इल्जामों का सिला मुझे न सर–ए–आम दे

गुजारी शाम–ए–उमर ओ तमाम तेरे मयखाने में साक़ी
आखिरी शाम है मदहोश रहूं कयामत तक ऐसा जाम दे

जमाना लगा है, रश्क, ये बुत–ए–मोहब्बत बनाने में
तिजारतगार मेहनत ओ मशक्कत का तो सही दाम दे

अंधेरों की आदत हो गई उजालों से डर लगता है
छोड़ मुझे जो जा रहा है मेरा हमसफर लगता है

मिन्नते हजार कर खुदा से आँशिया बसाया था
सामने जो ये जल रहा है शायद मेरा घर लगता है

शहर आया सारा खुद बुझाने आग को घर की
मेरा हमसाया आतिशे तपश[1] से बेफिक्र लगता है

हिदायतें हमने दी थी ख़ुशगवार जिंदगी के लिये
छलनी हुआ तल्खियाँ से वो मेरा जिगर लगता है

नजर हमारी खुदाया किस हसीना पे जा अटकी
तसववुर जिसका पूरा शहर शामों सहर करता है

न वो ऐसे थे न हम कभी वैसे थे फिर दुरियाँ कयों
किसी दुश्मन की बुरी नजर का ये असर लगता है

दिल ओ जाँ न्योछावर की जिस शख़्स पर हमने
हाथ उसी के 'रश्क 'क़त्ल का ख़ंजर लगता है

आतिशे तपश = आग की गर्मी

तलिखयाँ न मार न दिखा बेदरदी डर जाऊँगा
दर्द ए दिल की दवा दे दुआ न कर मर जाऊँगा

जिन्दा हूँ अब तक तेरी यादों के सहारे
बेरुख़ी युं दिखायोगी तो किधर जाऊँगा

आज कुछ गमगीन था पी ली हद से ज्यादा
तुम सहारा गर न दोगी तो कैसे घर जाऊँगा

पहुँची हो तुम वहाँ जहाँ पहुँचना है नामुमकिन
लाख लगायो पहरे पहुँच मैं भी मगर जाऊँगा

बोझा नही मल्लाह हुँ मैं तेरी कश्ती का
जब कहोगी जहां कहोगी वहां उतर जाऊँगा

बेकस हुँ बावफा हुँ बेवफा न समझ मुझे
साबित करने को हर हद से गुजर जाऊँगा

गर दिल को मेरे ना संभाला तुमने रश्क
टुटी माला की तरह राह में बिखर जाऊँगा